I0820581

# Compartir

# Ottolenghi
# COMPARTIR

YOTAM OTTOLENGHI HELEN GOH
VERENA LOCHMULLER TARA WIGLEY

Fotografía:
Jonathan Lovekin

salamandra

# Contenido

# Introducción

De un tiempo a esta parte, se oye hablar mucho de *comfort food*, pero ¿a qué nos referimos con ese término? A bote pronto, podría aplicarse a lo que comemos cuando llegamos a casa después de un día duro, o a los platos que preparamos sin pensarlo demasiado. También podrían ser las recetas que nos llevan de vuelta a la infancia, o bien esa comida especial con la que siempre nos damos un atracón, incapaces de resistirnos a su hechizo evocador.

Alimentar el alma, no complicarse la vida, apelar a la nostalgia, darse un homenaje: todo esto cabe en la idea de *comfort food* y lo reconocemos al instante. Más difícil, sin embargo, resulta determinar cuáles son los platos que mejor representan y aúnan esos aspectos. La idea de *comfort food* de una persona puede ser todo un reto para otra. Es algo muy personal, inseparable de la biografía personal, la familia, los recuerdos e incluso la aleatoria idiosincrasia del paladar humano.

También es algo culturalmente específico. El sándwich de queso derretido de un niño puede ser la pesadilla de otro. Lo mismo sucede con el adulto que, años después, prepara ese sándwich para evocar al niño que fue. Macarrones con queso, *ramen* de pollo, san jacobos, salchichas con puré de patata, pizza, sopa de pollo con fideos, lentejas, platos de cuchara, empanadillas: seguramente estos platos encarnan a la perfección la idea de *comfort food* de muchas personas, pero sería imposible ponerlas a todas de acuerdo en uno solo. Intentar acotar una lista de recetas que cumplan ese criterio es un empeño tan resbaladizo como un bol de fideos.

Y, sin embargo, por muy novedosa que sea su elaboración, esos fideos siempre tendrán un punto nostálgico, y en esta capacidad de un plato para resultar evocador y sorprendente a la vez radica nuestra interpretación de *comfort food*. Por eso sugerimos recetas que son a un tiempo sencillas y creativas, familiares e innovadoras, reconfortantes y reveladoras.

La noción de *comfort food* también tiene mucho que ver con nuestro periplo personal y las vivencias que hemos ido reuniendo por el camino. En *COMPARTIR*, lejos de intentar abarcar todo el espectro de la «comida reconfortante», hemos querido ceñirnos a un territorio conocido que es la suma de todos los territorios que hemos recorrido cada uno de nosotros. Entre los cuatro —Yotam, Helen, Verena y Tara—, cubrimos buena parte del planeta. Las influencias de Yotam beben de Italia y Alemania (por sus padres), Jerusalén y Ámsterdam (donde vivió y llegó a comer su peso en *croquettes*) y, cómo no, Londres. Las de Helen se extienden desde China (por sus abuelos), Malasia y Melbourne (donde se crió) hasta el oeste de Londres. Los dominios de Verena incluyen Alemania y Escocia, así como Nueva York (donde se formó) y ahora Londres. Tara es una londinense de pura cepa, pero la cantidad de tahina, berenjenas, limones, queso feta y aceite de oliva que han pasado por sus manos en los últimos veinte años la convierten en toda una experta en la cocina de Oriente Próximo.

Comparar nuestras trayectorias personales nos ha servido para comprender el vínculo entre comida reconfortante y desplazamientos, entre comida reconfortante e inmigración. Cuando nos instalamos en un lugar desconocido, hacemos dos cosas: adoptamos (y adaptamos) la cultura y la tradición culinaria del lugar que nos acoge y nos aferramos a la cultura y la tradición culinaria del lugar que hemos dejado atrás.

Los aspectos prácticos también influyen lo suyo. No podemos llevar a cuestas nuestra habitación de la infancia, el sofá de casa ni el pinar donde solíamos ir de pícnic. Sin embargo, si añoramos el caldo de pollo, las lentejas con arroz o los macarrones que nos hacían los mayores cuando necesitábamos mimos, podemos intentar recrear esos platos. Son objetos de apego comestibles, y nada nos devolverá de un modo tan vívido a ese abrazo de la infancia como preparar esa sopa, esas lentejas o esos macarrones.

No cocinamos ni comemos en el vacío, así que, una vez hecho el plato, lo habitual es compartirlo con otra persona, ya sea nuestra nueva familia, un amigo o un vecino. Es entonces cuando entra en juego el efecto dominó. Lo que había empezado como un abrazo metafórico se convierte en una receta que alguien pide repetir, prepara para sí mismo y comparte con otro grupo de personas.

Este proceso ocurre a escala global, lo que explica que un cocinero curioso pueda dar la vuelta al mundo desde su cocina. También explica que la comida italiana esté tan ligada a la estadounidense, o que podamos comprar sushi y algas, pizza y pasta, *chana dal* y hojas de curri en el mismo supermercado.

Creemos que, cuando se hace de una manera consciente, cabal, entusiasta y respetuosa, no se trata de una apropiación, sino de una apreciación cultural. Eso es lo que *comfort food* significa para nosotros: platos que hablan de nuestros viajes y de todas las vivencias asociadas a ellos. Este libro pretende ser una celebración de los desplazamientos, la inmigración, la familia, el hogar... lo humano, en definitiva.

Hay otras definiciones de *comfort food*, ninguna mutuamente excluyente, que hablan de las sensaciones que despiertan ciertos platos en nosotros: el efecto saciante de los carbohidratos, la naturaleza balsámica de una buena sopa. También pueden aludir a las circunstancias que rodean la experiencia de comer: la dicha de compartir mesa con amigos, o todo lo contrario: la comodidad de comer a solas, de espaldas al mundo. A menudo, todo se reduce a la comida que mejor encaja en un momento y lugar determinados. Eso explica por qué comer un helado en pleno verano en un banco del parque puede ser tan maravilloso como degustar una copa de vino tinto y un pollo asado dentro de casa un día invernal, mientras las ventanas de la cocina se empañan de vapor.

Que un plato resulte reconfortante tiene tanto que ver con cómo, dónde y con quién lo comemos como con los alimentos en sí. Es algo sobre lo que vale la pena reflexionar mientras escoges las recetas que te apetece probar y hacer tuyas. Esperamos que te acompañen, reconforten y brinden consuelo siempre que lo necesites.

## UNO: CON QUIÉN COMEMOS

Detrás de un plato reconfortante suele haber una relación, un vínculo único. La sopa de pollo con fideos causará una mayor impresión en quienes recuerdan haberla comido de pequeños, preparada por unas manos queridas. Del **pastel de carne** al ***mapo tofu***, de la **sopa de albóndigas de matzá** al ***mulligatawny,*** y del **merengue** a la **tarta marmolada**, cada uno de nosotros asocia un sentimiento a la experiencia de comer determinados platos. Quizá deberíamos hablar de «comida evocadora» o «intergeneracional».

Una de las mejores cosas de vivir en sociedad es que se establecen relaciones dinámicas y porosas: las ideas fluyen y evolucionan al pasar de una persona a otra. A nosotros nos ocurre a todas horas. Este libro es la obra de cuatro catacaldos —Yotam, Helen, Verena y Tara— y cada uno de nosotros ha aportado sus propios recuerdos, niñez y viajes a la (por suerte) gran mesa común. Pero lo que inicialmente «pertenecía» pronto pasó a formar parte del bagaje culinario de otro. Tara y Verena preparan la **ensalada sedosa de salmón y calabacín** de Helen tan a menudo que ahora sus amigos se refieren a esa receta como «los calabacines sedosos de Tara y Verena».

Cuando distintos alimentos comparten olla, cada uno de ellos conserva su propia identidad al tiempo que absorbe el sabor de los demás. Es un intercambio que sucede tanto dentro como fuera de la cocina. Fuera de la cocina, se le llama crisol de culturas; dentro, recibe el nombre de estofado, potaje o asado. Es el caso de las lentejas que toman el sabor ahumado de las salchichas en nuestras **lentejas con salchichas**, o los trozos de tofu que comparten olla con la **panceta confitada con soja**.

Este intercambio también puede darse entre dos platos aparentemente dispares. Cuántas veces hemos descubierto conexiones insospechadas entre recetas que cada uno de nosotros considera «suyas». Puede que el **pollo asado** de la tía Pauline de Helen o su **boloñesa** no sean los mismos que Yotam comía de pequeño, pero el primer bocado de cada uno de estos platos despertó en su mente una sensación familiar que evocaba su propia experiencia, una especie de lenguaje universal culinario.

Este intercambio de platos a una escala mucho mayor, a través de la inmigración, es el alma de *COMPARTIR*. Piensa en el currl. ¿Qué te viene a la mente? No es una pregunta ociosa. ¿Ves un sabroso y sencillo pollo guisado con mantequilla o un *vindaloo* de cerdo picante al estilo de

Goa? ¿Un curri *massaman* tailandés o un *rendang* indonesio, un *rogan josh* de Cachemira o ese invento que es el pollo *tikka masala*?

Si no existe un solo tipo de comida reconfortante, tampoco existe un curri. En esas dos sílabas cabe un amplio abanico de platos, reflejo de cientos de años de historia, política, viajes y colonialismo. Pocos platos tienen tanta miga, y aquí encontrarás varios de nuestros curris preferidos, como el de **langostinos y espárragos con cúrcuma,** el de **atún con citronela y galanga** o el **pollo con hojas de lima y fideos**.

## DOS: POR QUÉ COMEMOS

¿Por qué nos reconforta comer y cocinar?

La mayor parte de nosotros vivimos en un mundo caótico y frenético. Aparte de los consabidos retos cotidianos —compaginar trabajo y familia sin morir en el intento—, a menudo nos falta una institución o conjunto de tradiciones a los que aferrarnos. Los alimentos suelen estar demasiado procesados y envasados: a veces no reconocemos los ingredientes de un bocadillo, las fresas no huelen a nada y jamás veremos a la vaca que nos da la leche. Además, la tradición de cocinar y compartir mesa pierde terreno frente a los «apaños rápidos» y las comidas «sobre la marcha».

Cocinar de verdad, con ingredientes de verdad, es una forma natural de reconectar con el entorno, con nuestros semejantes y con nosotros mismos. Por eso algunos tenemos más libros de cocina de los que nunca leeremos, o planificamos la cena mientras almorzamos, o cocinamos cuando estamos contentos y comemos cuando estamos tristes, o damos de comer a los demás para demostrar que nos importan.

A veces, todo se reduce a algo más sencillo: la posibilidad de cerrar la puerta y poner no sólo una deliciosa comida sobre la mesa, sino también algo de sentido y coherencia en nuestro mundo. Cuando eso sucede, lo que buscamos no es la novedad, sino algo familiar o, como diría Laurie Colwin en *Una escritora en la cocina*, «el plato de siempre»: «Cuando la vida se pone cuesta arriba y el día ha sido largo, la cena ideal no se compone de cuatro pases impecables [...], sino más bien de un plato reconfortante y sabroso, fácil de digerir; algo que nos haga sentir protegidos, aunque sólo sea durante un par de minutos.»

Todos tenemos una lista de platos que nos brindan esa sensación de seguridad. Para Helen, son unos sabrosos **huevos al vapor.** Para Tara, la reina del *batch cooking*, es un táper con **crema de berenjena, pimiento rojo y tomate al horno**. Yotam tal vez elija unas **albóndigas de pollo**, mientras que Verena preparará una ***frittata* de puerro y tomate a la cúrcuma**. Nos hemos asegurado de que *COMPARTIR* esté repleto de recetas que transmitan esa sensación de sencillez y familiaridad.

A veces, ni siquiera es un plato completo, sino una salsa o condimento. Una cucharada de ***zhoug***, ***nuoc cham*****, tahina verde, salsa de chile y jengibre o alioli** basta para imprimir una sensación de familiaridad a cualquier plato. Cuando Helen confesó en Instagram que nunca viajaba sin un bote de chile en aceite, le llovieron confesiones similares de otros viajeros. El extracto de levadura Marmite era uno de los amuletos culinarios más populares, al igual que el Tabasco, la mostaza Colman's o los pepinillos Branston.

Cohesionar, brindar consuelo, sentirnos anclados y seguros: he aquí algunas de las razones por las que cocinamos y comemos. Para muchos, la comida es también una forma de demostrar afecto. Es algo que ocurre a diario —cada vez que le preparamos la cena a alguien—, pero también suele estar en el centro de las ocasiones especiales, cuando preparamos una comida especial el día de San Valentín, horneamos una tarta para un cumpleaños o intentamos ayudar a alguien que está pasando un mal trago. Para nosotros, quizá no haya nada más reconfortante y balsámico que una **sopa de albóndigas de matzá** servida en un gran cuenco por alguien que no quisiera verte triste.

La mayoría de las veces, no comemos sólo para saciar el apetito. «Cuando escribo sobre el hambre —afirma M. F. K. Fisher en *El arte de comer*—, en realidad escribo sobre el amor y el hambre de amor, sobre la calidez y la necesidad [. . .], forman parte de lo mismo.»

## TRES: QUÉ COMEMOS

Al ahondar en el «quién», el «porqué» y el «cómo», quizá estemos rizando el rizo. El concepto de *comfort food* es tan amplio y variado que el quid de la cuestión bien podría residir en el «qué». Sopa de pollo con fideos, pasta gratinada, pollo rebozado, macarrones con queso, el chocolate en todas sus formas, pasteles y helados. No hay dos listas de alimentos reconfortantes idénticas, pero sí tres constantes que saltan a la vista: carbohidratos, grasa y azúcar.

De todas las definiciones existentes de *comfort food*, la que menos nos convence es la que califica estos platos de «transgresión», «placer culpable», lo que comemos «cuando nadie nos ve». Por supuesto, todos tenemos días en los que podríamos darnos menos caprichos, pero etiquetar ciertos platos como buenos o saludables frente a otros malos o «quitapenas» no tiene mucho que ver con nuestra idea de *comfort food*. Podemos sentirnos tan reconfortados con las patatas, las tortitas, la pasta y la bollería como con las ensaladas, las sopas y los guisos. A decir verdad, no hacemos distinción alguna —por lo menos de forma consciente— entre un plato de ***linguine*** **con mantequilla de miso** y nuestros **fideos de té verde con aguacate y rabanitos**.

Sin embargo, es interesante observar lo que ocurre en nuestro cerebro —de forma inconsciente— cuando comemos algo rico en azúcar o hidratos de carbono. ¿Por qué recurrimos con tanta frecuencia a determinados grupos de alimentos cuando necesitamos un consuelo instantáneo?

En el caso del azúcar, por ejemplo, es útil situar el consuelo como lo opuesto al estrés. ¿Por qué abusamos de cierto tipo de alimentos cuando estamos sometidos a presión? Cuando el cerebro percibe estrés, se activa el hipotálamo, que no sólo controla el apetito, sino que también determina si debemos «luchar», «huir» o «comer». Lo último que deberíamos hacer, en pleno pico de estrés, es darnos un atracón. En otras palabras, cuando nos persigue un león, sea real o no, escondernos debajo del nórdico y devorar una chocolatina no es la mejor estrategia de supervivencia.

Sin embargo, una vez que hemos escapado del peligro —el león se ha marchado y ya no estamos estresados—, experimentamos un pico de cortisol que incrementa notablemente la apetencia de azúcar. En realidad, tiene su lógica reponer cuanto antes la energía gastada en luchar o huir del león. Además, nuestros sentidos estarán especialmente despiertos, de modo que la chocolatina (o el **pudin de higos y chocolate** de Verena) nos sabrá aún más dulce y delicioso que si no hubiésemos sufrido ese estrés.

El azúcar no sólo inhibe el cortisol inducido por el estrés, sino que también estimula la liberación de opioides, sustancias químicas que nos brindan sensación de bienestar. La dopamina es otra de las sustancias químicas que aumentan con el consumo de alimentos reconfortantes. Al igual que pasa con las alertas del móvil, es difícil resistirse a esos alimentos. Guardar la **mousse de chocolate** a medio comer para el día siguiente sería lo más racional, pero nuestro cerebro no está programado para reaccionar así.

A lo mejor seguimos rizando el rizo. Puede que todo se reduzca a algo tan sencillo como un solo ingrediente clave: la patata, por ejemplo, que nunca falla, la hagas como la hagas: **patatas asadas crujientes con romero y *za'atar*, patatas nostálgicas al estilo indonesio** o **un *aligot* al ajo.** ¿Puede que sea ese el secreto? Si no es una patata, ¿podrían ser unos huevos, un plato de pasta, de arroz, unas galletas?

Y, si no es un ingrediente clave, ¿puede que el secreto de la comida reconfortante resida en su aroma? ¿Hay algo más irresistible que el olor del pollo asado o una hornada de **galletas de brownie** recién hechas? ¿O será la textura? Ahí está, sin ir más lejos, la aterciopelada suavidad de un ***mulligatawny***. ¿O será el contraste de texturas? No hay más que pensar en los fritos, crujientes por fuera y tiernos por dentro, como los **falafels de soja verde y *kimchi*** o los **buñuelos de langostinos**. ¿Y si la textura satinada de los **fideos de té verde**, la tierna carnosidad de

la **berenjena sedosa al vapor**, la jugosidad del **pollo al estilo oriental** o la dulce cremosidad de unas **natillas al horno** no fueran sino el equivalente comestible de un baño caliente o un nórdico de plumas?

Puede que lo que entendemos por *comfort food* sea el compendio de todas estas cosas. Pero lo que nunca debería ser es un motivo para sentirnos mal. Hay muchos leones ahí fuera: no consientas que tu dieta se convierta en otro.

## CUATRO: CÓMO COMEMOS

Sentarse en el sofá con una tarrina de helado, comer un burrito con las manos en un ajetreado mercadillo, sentarse en un banco a degustar unos fideos con palillos: ¿Puede que otro aspecto clave de la comida reconfortante sea cómo la comemos? Teniendo en cuenta la cantidad de platos de ese tipo que se sirven en un bol, no parece una idea descabellada. Tal vez tenga que ver con la forma ergonómica del cuenco, que parece hecho para rodearlo con las manos y refuerza la idea de solaz y consuelo, así contenga unos **fideos *ramen* exprés** o unas **gachas de avena con canela**. ¿Acaso no resulta más acogedor un cuenco con cuchara que un plato con cuchillo?

Y qué decir del placer de comer con las manos. Hacerlo, sobre todo en compañía de otras personas, puede ser una señal de confianza, de que nos sentimos a gusto. ¿Cuántas comidas comunitarias empiezan partiendo y compartiendo el pan, pasándolo de mano en mano? Hay tantas formas de envolver alimentos en un pan plano a lo largo y ancho del mundo que todo apunta a una costumbre universal. Otros envoltorios populares son las hojas de lechuga, de parra, de plátano, etcétera. También comemos con las manos unas **pakoras de coliflor y calabaza**, unas empanadillas **de patata, queso y *chermoula*** o un ***rugelach* de puerro y queso al *za'atar*.**

Ciertos platos y cómo los comemos —ya sea de pie frente a un tenderete, sentados en el suelo o reunidos en torno a una mesa— se asocian con celebraciones multitudinarias. Son los platos que preparamos para las fiestas, donde cada comensal se sirve por su cuenta. De este modo, se comparte no sólo la comida, sino también el recipiente. Las recetas que más éxito tienen en cualquier reunión suelen aunar las características de la comida reconfortante. Para sentirte bienvenido, nada como ver una mesa con fuentes rebosantes de manjares dispuestos para que cada uno se sirva. Lo mismo se aplica a las comidas familiares, sobre todo si hay niños, o a los platos con distintos elementos que se sirven por separado para que cada cual escoja según sus preferencias, como la ***boureka* con espinacas** o las **albóndigas con *nuoc cham***. La forma de comerlos los vuelve aún más apetecibles y reconfortantes.

Los platos que se preparan en una sola olla o bandeja poseen un atractivo similar por la promesa de simplicidad que entrañan. Su preparación no es estresante, como tampoco lo es ponerlos sobre la mesa y dejar que cada cual se sirva, delegando en los comensales la decisión de poder echarse otra cucharada de las judías carilla que acompañan al **hinojo asado con bacalao**, o la picada de aceitunas del **salmón asado a la puttanesca**.

A veces no nos apetece comer en compañía, sino cenar a solas en una cocina desierta, donde no se oiga sino el chisporroteo de la sartén de la que saldrá una ración individual de algo delicioso. «Cenar a solas es uno de los grandes placeres de la vida», escribe Laurie Colwin en *Una escritora en la cocina*. «No hay duda de que cocinar para uno revela la cara más peculiar del ser humano. La gente miente cuando le preguntas qué come estando sola. Una ensaladita, dicen. Pero basta con apretar un poco las tuercas para que confiesen la verdad: desde sándwiches de mantequilla de cacahuete y panceta que se fríen y bañan en salsa picante hasta espaguetis con mantequilla y mermelada de uva.»

Sin embargo, por más que estemos a solas en la cocina o el sofá, nosotros creemos que nunca estamos verdaderamente solos. Compartimos el espacio en el que preparamos y comemos los alimentos con todos aquellos que nos han precedido. A algunos los conocemos en persona —forman parte de nuestro bagaje personal y los llevamos con nosotros— y a otros los conocemos a través de las palabras que escriben o las recetas que comparten y que acabamos haciendo nuestras. Tanto la comida como las palabras tienen el maravilloso poder de establecer vínculos entre las personas. En el fondo, todo se reduce a eso. Deseamos de corazón que estas recetas os resulten, como a nosotros, familiares y estimulantes, nostálgicas y novedosas, creativas y reconfortantes.

# Huevos, crepes, tortitas

# Dutch baby con tomates asados

**160 g de harina de trigo**
**20 g de parmesano,** rallado fino
**1 ½ cdas de hojas de tomillo,** picadas gruesas
**2 cdtas de mostaza inglesa en polvo**
**4 huevos**
**420 ml de leche**
**10 lonchas de beicon**
**1-1 ½ cdas de aceite de oliva**
**40 g de cheddar, rallado**
**sal y pimienta negra**

*Tomates asados*
**380 g de tomates cherry**
**6 ramitas de tomillo**
**1 diente de ajo grande,** prensado
**2 cdas de aceite de oliva**
**1 ½ cdas de vinagre balsámico**
**1 cda de azúcar de caña rubio**
**⅛ de cdta de guindilla en copos**
**10 g de hojas de albahaca,** troceadas a mano

**Si una tortita y una crepe tuvieran un hijo, ¡el resultado sería un Dutch baby! Esta delicia hojaldrada que se hornea en una sartén también tiene algo de suflé. Al parecer, se bautizó así a principios del siglo XX en Seattle, donde el dueño de un restaurante familiar preparaba unas tortitas alemanas (o Deutsch). El niño que las comía no lograba pronunciar la palabra Deutsch, así que Dutch se quedaron. Son perfectas para un *brunch* o una cena rápida y harán las delicias de los más pequeños.**

**Para 4 personas**

Precalienta el horno a 200 °C con ventilador.

En una fuente refractaria de 20 × 30 cm, pon todos los ingredientes de los tomates asados salvo la albahaca, con ¾ de cucharadita de sal y una buena pizca de pimienta, y mezcla bien. Hornea durante 30 minutos, removiendo un par de veces durante la cocción, hasta que la salsa se caramelice un poco y los tomates se reblandezcan sin que lleguen a deshacerse. Retira del horno y deja que la mezcla se atempere antes de incorporar las hojas de albahaca.

Mantén el horno a 200 °C con ventilador.

En un bol grande, mezcla la harina, el parmesano, el tomillo, la mostaza en polvo, media cucharadita de sal y una pizca de pimienta.

En un bol aparte, bate los huevos y la leche y vierte esta mezcla sobre los ingredientes secos. Mezcla y reserva.

Fríe las lonchas de beicon a fuego moderado en una sartén refractaria grande, de unos 28 cm de diámetro y 5 cm de profundidad, durante cerca de un minuto por cada lado, sin dejar que se hagan del todo. Pasa las lonchas a una fuente, dejando la grasa que hayan soltado en la sartén. Añade el aceite de oliva y calienta durante un minuto, agitando la sartén en círculos para que cubra el fondo. Con cuidado, vierte toda la masa en la sartén de golpe. Apaga el fuego, cubre con las lonchas de beicon y espolvorea con el cheddar. Lleva al horno enseguida y deja que se haga durante 25 minutos, hasta que los bordes del Dutch baby se doren e inflen mientras el centro se mantiene tierno y semilíquido. Resiste la tentación de abrir el horno durante los primeros 15 minutos de cocción, ¡o se hundirá!

Retira el Dutch baby del horno y pásalo con cuidado a una fuente. Si es necesario, ayúdate de una espátula para sacarlo de la sartén. Córtalo en cuartos y sírvelo acompañado de los tomates asados.

# Huevos con berros

**8 huevos**, a temperatura ambiente

*Alioli*
**1 yema de huevo**
**1 diente de ajo, prensado**
**2 cdtas de mostaza de Dijon**
**2 cdtas de zumo de limón**
**1 cdta de sirope de arce**
**50 ml de aceite de oliva**, y un poco más para servir
**50 ml de aceite vegetal**
**50 ml de suero de mantequilla (o kéfir)**
**sal y pimienta negra**

*Pesto*
**1 chili jalapeño grande** (30 g)
**25 g de pistachos**, tostados
**50 g de berros**
**1 diente de ajo**, picado grueso
**5 g de cebollino**, picado grueso
**75 ml de aceite de oliva**
**1 cdta de zumo de limón**

*Para servir*
**1 envase de berros frescos**
**pan rústico cortado en rebanadas y tostado** (opcional)
**sal marina en escamas**

¿Cuál es tu relleno de sándwich preferido? Verena lo tiene claro: huevos con berros. He aquí su homenaje a todo un clásico de la cocina británica. El título rebaja la elegancia de este plato, algo que nos gusta.

*Adelántate:* puedes preparar el alioli hasta tres días antes y guardarlo en la nevera. En cuanto al pesto, rebautizado como «cresto» por nuestro colega Clodagh, es mejor hacerlo el mismo día.

**Para 4 personas**

Lleva a ebullición un cazo con agua. Introduce los huevos con cuidado y hierve durante 7 minutos. Con una espumadera, sácalos y pásalos por el chorro de agua fría. Cuando estén templados, pélalos y reserva.

Mezcla en un robot de cocina los primeros cinco ingredientes del alioli, media cucharadita de sal y una buena pizca de pimienta. Tritura brevemente, sólo para integrarlos. Mezcla los dos aceites en un vaso alto y, con el motor en marcha, añádelos despacio a la mezcla anterior y tritura hasta obtener una textura lisa y satinada. Pasa el alioli a un bol pequeño, incorpora el suero de mantequilla y refrigera. Limpia el robot de cocina.

Prepara el pesto. Calienta una sartén pequeña a fuego alegre y marca el jalapeño durante 3-4 minutos, hasta que se chamusque aquí y allá. Cuando esté lo bastante templado para manipularlo, retira las semillas (opcional) y pícalo grueso. Tritúralo en el robot de cocina, junto con los demás ingredientes del pesto y ¼ de cucharadita de sal, hasta obtener una salsa homogénea (aunque no pasa nada si quedan algunos tropezones). Pasa el pesto a un bol y reserva.

Para servir, cubre la base de una fuente con el alioli y dispón encima los huevos cortados por la mitad. Sazona con un pellizco de sal marina en escamas y una pizca de pimienta, y reparte el pesto alrededor de los huevos. Con unas tijeras de cocina, corta los tallos de los berros, aprovechando los dos tercios superiores, y esparce por encima de los huevos. Riega con un chorrito de aceite de oliva y sirve con el pan rústico, si así lo deseas.

# *Shakshuka* con *sambal* de huevo

**1 ½ cdta de semillas de hinojo**
**2 clavos de olor**
**las semillas de 2 vainas de cardamomo**
**½ cdta de canela molida**
**1 ½ cdas de curri suave en polvo**
**60 ml de aceite de oliva**
**½ cdta de semillas de mostaza negra**
**20 hojas de curri**
**1 cebolla roja**, cortada por la mitad y luego en juliana fina (160 g)
**10 g de jengibre**, pelado y rallado fino
**5 dientes de ajo,** prensados
**10 g de cilantro**: pica los tallos finos y reserva las hojas para servir
**150 g de tomates cherry pera o comunes**
**2 cdtas de *sambal oelek***
**1 lata de 400 g de tomate triturado**
**100 ml de pasta de tamarindo tailandesa**
**300 ml de agua**
**15 g de azúcar de palma o azúcar de caña rubio**
**5 huevos**
**sal y pimienta negra**

Helen se crió en Malasia, por lo que el *nasi lemak* es un sabor que asocia a la infancia. Estos paquetitos de arroz hervido en leche de coco, pasta picante de *sambal*, huevo duro y pepino se sirven envueltos en hojas de plátano sobre papel de diario y se venden en casi cualquier esquina. La que sugerimos no es una receta canónica, ni mucho menos, pero se inspira en el *nasi lemak*. Por su parte, la unión del huevo y la salsa de tomate en la sartén evoca las *shakshukas* con las que se crió Yotam. Sirve este plato con arroz, pan plano o cualquier otro pan que te guste.

*Adelántate:* puedes prepararlo con antelación, hasta el punto en que se cascan los huevos y se incorporan al *sambal*, pues se conserva bien en la nevera durante tres días.

**Para 4 personas**

En una sartén pequeña, calienta a fuego moderado-bajo las semillas de hinojo y cardamomo y el clavo de olor. Tuesta durante unos 2 minutos, hasta que desprendan su aroma, y luego muele la mezcla en una picadora o mortero. Añade la canela y el curri y reserva.

En una cazuela grande (de unos 26 cm de diámetro) provista de tapa, calienta a fuego alegre 3 cucharadas de aceite. Añade las semillas de mostaza, 10 hojas de curri y deja que se hagan durante un minuto, hasta que las semillas empiecen a abrirse. Incorpora la cebolla y sofríe durante 7 minutos, removiendo a menudo, hasta que empiecen a tomar color. Añade el jengibre, el ajo, los tallos de cilantro y el tomate cherry y sofríe durante 5 minutos más antes de agregar las especias molidas. Deja que se hagan durante 2 minutos, hasta que liberen su aroma, e incorpora el *sambal oelek*, el tomate triturado, el tamarindo, el agua, el azúcar y una cucharadita y cuarto de sal. Remueve y luego lleva a ebullición. Baja el fuego y mantén un hervor suave durante unos 20-25 minutos, con la cazuela destapada, hasta que espese.

Casca los huevos sobre el *sambal* y salpimienta. Tapa la cazuela y deja hervir durante 7-8 minutos, hasta que la clara haya cuajado pero la yema siga tierna.

Mientras tanto, calienta la cucharada restante de aceite en una cacerola pequeña a fuego moderado. Saltea el resto de las hojas de curri durante cerca de un minuto, hasta que liberen su aroma, y aparta del fuego. Cuando los huevos estén hechos, riega la *shakshuka* con el aceite y las hojas de curri fritas, espolvorea con las hojas de cilantro y sirve.

# *Frittata* de puerro y tomate a la cúrcuma

**60 ml de aceite de oliva**
**2 puerros grandes** (sólo la parte blanca), cortados en rodajas de 1 cm de grosor (300 g)
**2 dientes de ajo,** prensados
**25 g de jengibre**, pelado y picado fino
**2 guindillas verdes**, sin semillas y picadas finas
**1 ½ cdtas de semillas de comino,** tostadas y ligeramente majadas
**1 cdta de cúrcuma molida**
**3 tomates pera**, sin semillas, picados gruesos (160 g)
**6 huevos**
**1 cda de harina de trigo**
**1 cdta de levadura en polvo**
**sal y pimienta negra**

Zhoug *(opcional, pero recomendado)*
**1 cdta de semillas de comino**
**las semillas de 8 vainas de cardamomo**
**5 clavos de olor**
**70 g de cilantro**, picado grueso, y unas hojas más para servir
**20 g de perejil**, picado grueso
**4 guindillas verdes**, picadas gruesas
**¼ cdta de azúcar extrafino**
**½ cdta de sal**
**2 dientes de ajo,** prensados
**60 ml de aceite de oliva**
**60 ml de agua**
**2 cdas de vinagre de sidra**

Esta receta está inspirada en la que nuestra amiga Shehnaz Suterwalla improvisó al final de una fiesta de Nochevieja para animar a los trasnochadores cuando el sol ya despuntaba. Su versión recordaba a los revueltos que le preparaba su madre en Bombay, mientras que la nuestra se parece más a una *frittata*, con la ventaja de que puede comerse tibia o a temperatura ambiente (ya sea a mediodía o a medianoche). Sírvela tal cual o como relleno de un pan plano.

*Zhoug:* si puedes, dobla la cantidad de esta pasta de especias yemení. Se conserva durante 2 semanas en la nevera y es el condimento perfecto para verduras asadas, huevos y carne o pescado a la plancha.

**Para 4 personas**

Si vas a preparar el *zhoug*, tuesta las semillas de comino y cardamomo y los clavos de olor en una sartén pequeña a fuego moderado durante 2-3 minutos, hasta que liberen su aroma. Tritura someramente en la picadora o mortero y pasa la mezcla a un robot de cocina. Añade los demás ingredientes y tritura a impulsos intermitentes para obtener una pasta gruesa. Guarda el *zhoug* en la nevera.

Precalienta el horno a 210 °C con ventilador.

En una cazuela refractaria de unos 23 cm de diámetro, calienta a fuego alegre 3 cucharadas de aceite. Añade el puerro y una cucharadita de sal y sofríe durante cerca de 6 minutos, removiendo a menudo, hasta que se dore. Añade el ajo, el jengibre, la guindilla, el comino y la cúrcuma y sofríe durante 1-2 minutos más, removiendo a menudo. Aparta del fuego, incorpora el tomate y vierte la mezcla en un bol grande. Limpia la cazuela con papel de cocina y caliéntala a fuego muy bajo.

En un bol aparte, mezcla los huevos, la harina, la levadura en polvo y una buena pizca de pimienta. Vierte la mezcla en el bol del puerro y remueve para que todos los ingredientes se integren.

Cuando la cazuela esté caliente, añade la cucharada restante de aceite y sube a fuego moderado. Vierte la mezcla anterior en la cazuela y deja que se haga durante cerca de 5 minutos, hasta que la base haya cuajado. Después hornea durante 5-7 minutos, hasta que la masa esté bien hecha por dentro y ligeramente tostada por arriba. Retira del horno y deja reposar cerca de 15 minutos si vas a servir la *frittata* tibia, o más tiempo si vas a servirla a temperatura ambiente. Si así lo deseas, riega la *frittata* con el *zhoug* y espolvorea con unas hojas de cilantro antes de cortarla en cuartos.

# *Tortang talong* (tortilla de berenjena)

**4 berenjenas**, pinchadas con un tenedor
**45 ml de aceite de oliva**
**1 chalota grande, picada fina** (70 g)
**2 dientes de ajo grandes,** prensados
**1 cdta de comino molido**
**¼ de cdta de pimienta de Jamaica molida**
**¼ de cdta de canela molida**
**200 g de carne picada de cordero, ternera o cerdo,** con 20% de grasa
**2 cdas de *harissa* de rosas**
**1 cebolleta pequeña**, cortada en juliana fina (20 g)
**15 g de hojas de cilantro**, picadas gruesas
**15 g de hojas de menta**, picadas gruesas
**4 huevos**
**sal y pimienta negra**

*Salsa de tahina*
**125 g de yogur natural**
**50 g de tahina**
**1 diente de ajo, prensado**
**2 cdtas de zumo de limón**

He aquí nuestra interpretación de un plato filipino que Helen probó de la mano de su amiga Cora Barba. Los elementos principales de la receta son fieles a la tradición —el marcado de la berenjena, la técnica de tortilla—, pero las especias y la tahina le aportan un toque especial. Puedes dejarlo todo hecho la víspera para acabar de ligar el plato en un santiamén. *Más fotografías en las páginas siguientes.*

**Para 4 personas**

Marca las berenjenas. Si tienes fogones a gas, enciende cuatro hornillos y dispón una berenjena directamente sobre cada uno. Márcalas durante 15 minutos, girándolas con unas pinzas varias veces para que toda la piel quede chamuscada. Si tienes fogones eléctricos, calienta una plancha de hierro fundido hasta que esté al rojo vivo. Pinta las berenjenas con aceite de oliva y márcalas durante unos 30 minutos, girándolas para que toda la piel quede chamuscada. Pásalas a una fuente grande con papel vegetal y, cuando se hayan atemperado, pélalas con cuidado, dejando el pedúnculo intacto.

Abre las berenjenas hacia los lados y aplánalas ligeramente con un tenedor, procurando no rasgarlas. Deja reposar durante 30 minutos para que suelten líquido y sécalas. Salpimiéntalas por ambos lados.

Mientras tanto, mezcla en un bol todos los ingredientes de la salsa de tahina junto con 2 cucharadas de agua, media cucharadita de sal y una pizca de pimienta negra.

En una sartén de 23 cm de diámetro, calienta a fuego alegre una cucharada de aceite. Rehoga la chalota, el ajo, el comino, la pimienta de Jamaica y la canela durante 5 minutos, removiendo de vez en cuando, hasta que se doren. Sube un poco el fuego y añade el cordero, la *harissa* y ¼ de cucharadita de sal. Dora la carne durante 7 minutos, hasta que empiece a tomar color. Pásala a un bol mediano y reserva. Cuando esté fría, incorpora la mayor parte de la cebolleta, el cilantro y la menta —guarda un poco para servir— y reserva.

Limpia la sartén con papel de cocina, añade una cucharadita de aceite y calienta a fuego medio.

Prepara las tortillas de una en una. Casca un huevo en un plato hondo o bol, lo bastante grande para que quepa la berenjena aplanada pero no tanto para que el huevo no alcance a bañarla. Añade una pizca de sal y bate. Moja una berenjena en el huevo, dándole la vuelta para que la bañe por ambos lados, y reserva en una fuente. Añade un cuarto de la carne al huevo batido. Mezcla y vierte en la sartén caliente. Enseguida, coloca la berenjena encima y deja que se haga durante unos 3 minutos, hasta que la carne se dore. Dale la vuelta a la tortilla y cocínala durante 2-3 minutos más o hasta que se dore.

Después, pasa la tortilla a una fuente de servir grande, con el lado de la berenjena hacia arriba. Resérvala en el horno tibio, cubierta con papel de aluminio, mientras haces el resto de las tortillas.

Antes de servir, riega las tortillas con la salsa de tahina y espolvorea con el resto de las hierbas aromáticas y la cebolleta.

# Huevos al vapor con gambas y cebollino

*Utensilios*
**Una rejilla que quepa dentro de una cazuela grande (provista de tapa), o bien dos pares de palillos de madera**

*Huevos al vapor al estilo oriental*
**3 huevos**, ligeramente batidos (165-170 g)
**170 ml de *dashi* tibio (o caldo de pollo)**
**150 ml de agua tibia**
**sal y pimienta blanca molida**

*Gambas salteadas con cebollino*
**2 cdtas de aceite de girasol**
**100 g de gambas pequeñas peladas y cocidas (o 150 g de langostinos crudos, picados gruesos)**
**10 g de jengibre**, pelado y cortado en juliana
**2 cdtas de vino de arroz *shaoxing***
**10 g de cebollino**, picado fino

*Salsa*
**1 cda de aceite de sésamo**
**3 cdas de salsa de soja clara**
**1 cda de vinagre negro o Chinkiang (u otro vinagre)**

*Para servir*
**arroz hervido**

La madre de Helen solía prepararle este plato cuando era pequeña. Era su forma de decir «Estoy cansada y no tengo energía para mucho más». El resultado es una especie de flan salado, sedoso y sumamente reconfortante. A nosotros nos encanta el sabor y el aspecto de las gambitas enteras, pero unos langostinos picados quedarían igual de bien. *Más fotografías en las páginas siguientes.*

*Nota sobre los utensilios:* tradicionalmente se usa una vaporera o un wok con tapa cónica para preparar los huevos al vapor. Nosotros te explicamos como convertir una cazuela en una vaporera de andar por casa: es una alternativa sencilla y eficaz.

**Para 2 personas**

En un bol, mezcla los huevos, el *dashi* y el agua con ¼ de cucharadita de sal y otro tanto de pimienta blanca. Bate ligeramente y reserva.

Para preparar los huevos, necesitarás una cazuela grande (de unos 28 cm de diámetro) con tapa, así como un bol refractario ancho y poco hondo, de unos 23 cm de diámetro y 4 cm de profundidad. Coloca una rejilla pequeña (o dos pares de palillos de madera formando una almohadilla) en el fondo de la cazuela para crear una plataforma estable. Coloca el bol encima y vierte agua en la cazuela hasta que casi toque la base del bol. Lleva a ebullición a fuego moderado.

Mientras, envuelve la tapa de la cazuela con un paño de cocina grande para evitar que el agua de la condensación caiga sobre el «flan» y sujeta los extremos por encima con una goma (o anúdalos).

Vuelve a batir ligeramente los huevos y viértelos en el bol pasándolos por un colador de malla fina. Baja el fuego a medio-bajo y lleva el agua a ebullición. Deja que hierva con la cazuela tapada durante unos 15-20 minutos, resistiendo la tentación de destaparla, hasta que el «flan» esté cuajado por los bordes y casi cuajado en el centro. Apaga el fuego y destapa la cazuela, pero deja el «flan» dentro.

Calienta el aceite de las gambas en una sartén mediana y saltéalas a fuego vivo junto con el jengibre durante un minuto (2-3 minutos en el caso de los langostinos crudos). Añade el vino de arroz *shaoxing* y deja que se evapore durante unos 10 segundos. Aparta del fuego e incorpora el cebollino.

Retira el «flan de huevo» de la cazuela. Mezcla el aceite de sésamo, la salsa de soja y el vinagre y riega el plato con tres cuartas partes de esta mezcla. Esparce las gambas por encima y sirve con el arroz y el resto de la salsa aparte.

# Crepes de tres maneras: desayuno, almuerzo y postre

**125 g de harina de trigo**
**2 huevos**
**300 ml de leche**
**20 g de mantequilla sin sal**, derretida (y 50 g más para hacer las crepes)
**⅛ de cdta de sal**

Las crepes salvan muchas comidas improvisadas y, si eres tan organizado como Yotam y Helen, te encantará la idea de tener un lote de crepes listas para usar en el congelador. Para que no se peguen entre sí, sepáralas con papel vegetal y envuelve la pila con film reutilizable. Si, como la mayoría de los mortales, no eres tan organizado, te gustará saber que esta masa se prepara en un periquete y se puede usar al instante. Con las cantidades indicadas salen ocho crepes, pero en el caso de las de queso y las de limón, mascarpone y tomillo, la cantidad se reduce a seis. ¿Y las otras dos? Una es la de prueba, y la otra... ¡para quien cocina!

A continuación damos la receta básica de la masa, seguida de tres ideas para servirlas como desayuno, almuerzo y postre. El orden en que se comen ya es cosa tuya.

**Salen 8 crepes**

Mezcla todos los ingredientes de las crepes en un vaso batidor (o robot de cocina) y tritura a toda potencia para lograr una masa homogénea y sin grumos. Vierte en un vaso alto y reserva. La masa también puede hacerse a mano, batiendo los huevos con la harina y la sal antes de añadir poco a poco la leche y por último la mantequilla.

Cuando vayas a hacer las crepes, calienta a fuego moderado una sartén antiadherente de 24 cm de diámetro. Cuando esté bien caliente, añade cerca de ¼ de cucharadita de mantequilla y engrasa el fondo de la sartén valiéndote de un trozo de papel de cocina. Vierte 60 ml de masa en el centro de la sartén y muévela en círculos para formar una capa fina y uniforme. Deja que se haga durante cerca de 2 minutos, dándole la vuelta a media cocción, hasta que se dore ligeramente. Pasa la crepe a un plato y reserva mientras repites con el resto de la masa, engrasando el fondo de la sartén entre crepe y crepe.

# Relleno de praliné de chocolate con sésamo y avellanas

**8 crepes** (ver pág. 39), templadas

*Relleno de praliné*
**75 g de semillas de sésamo**
**75 g de avellanas blanqueadas**
**120 g de azúcar extrafino**
**las semillas de una vaina de vainilla**
**2 cdas de aceite de girasol**
**150 g de chocolate con leche** (con cerca de 37% de cacao), picado grueso
**2 cdas de cacao en polvo**

*Para servir (opcional: elige los aderezos que quieras)*
**avellanas**, tostadas y picadas gruesas
**azúcar glas**, para espolvorear
**nata semimontada**
**plátano a rodajas**

***Notas de conservación:*** **con esta receta, salen cerca de 400 g de relleno de praliné. Una vez hecho, se conserva hasta una semana a temperatura ambiente o hasta un mes en la nevera.**

**Para 8 personas**

Precalienta el horno a 160 °C con ventilador.

Esparce las semillas de sésamo y las avellanas sobre una bandeja de horno cubierta con papel vegetal y tuéstalas en el horno durante 15 minutos, agitando la bandeja a media cocción. Apaga el horno, pero deja la bandeja dentro para que no se enfríe del todo.

Cuando las semillas y las avellanas lleven cerca de 5 minutos en el horno, empieza a preparar el almíbar. En un cazo pequeño, calienta a fuego lento el azúcar y 2 cucharadas de agua. Remueve para que el azúcar se disuelva y lleva a ebullición. Deja que el almíbar se haga a fuego lento durante 4-5 minutos, hasta que tome un color miel. Aparta del fuego y, ayudándote del papel vegetal, vierte las semillas y las avellanas sobre el almíbar. Remueve para que queden bien recubiertas, vuelve a extender el papel vegetal sobre la bandeja y luego vierte el praliné en la bandeja forrada. Usando una espátula, extiéndelo para formar una capa delgada. Reserva durante 30 minutos, para que se endurezca.

Cuando el praliné esté duro, usa un rodillo de cocina para romperlo en trozos irregulares. Pásalos a un robot de cocina y tritura durante 5-10 minutos (el tiempo dependerá de la potencia del aparato), deteniendo el proceso varias veces para rebañar el bol hasta que empiece a formarse una pasta gruesa. Añade las semillas de vainilla y el aceite y tritura hasta lograr una textura cremosa y fluida. Reserva el praliné en el bol del robot de cocina.

Derrite el chocolate al baño maría, calentándolo a fuego lento en un bol pequeño colocado sobre un cazo con agua. Asegúrate de que la base del bol no toca el agua del cazo. Remueve de vez en cuando para que el chocolate se derrita de manera uniforme y añádelo al robot de cocina. Incorpora el cacao en polvo y tritura un par de minutos, hasta lograr una mezcla homogénea. Pásala a un tarro transparente con tapa.

Esparce una cucharada del relleno de praliné —o más, si lo prefieres— sobre cada crepe. Dóblalas por la mitad para formar un semicírculo y luego otra vez, para formar un triángulo, o simplemente enróllalas. Puedes comerlas tal cual o espolvorearlas con avellanas tostadas, azúcar glas y coronarlas con una cucharada de nata montada o unas rodajas de plátano, ¡o todo lo anterior!

# Crepes de queso al curri

**6 crepes** (ver pág. 39)
**240 g de sobras de pollo asado (u otra carne), picada, o bien judiones**
**1 cebolleta**, cortada en juliana fina (50 g)
**½ cda de aceite de oliva**
**chutney de mango**, para servir
**sal y pimienta negra**

*Bechamel*
**100 g de leche**
**50 g de yogur griego espeso**
**15 g de mantequilla sin sal**
**15 g de harina de trigo**
**¾ de cdta de curri suave en polvo**
**¼ de cdta de cúrcuma molida**
**130 g de queso cheddar y/o gruyère**, rallado

**Para 6 personas**

En una cacerola pequeña, calienta a fuego moderado todos los ingredientes de la bechamel salvo el queso. Hierve a fuego lento durante 2-3 minutos, removiendo sin parar, hasta que espese y tenga una textura homogénea. Aparta del fuego e incorpora 50 g de queso, ¼ de cucharadita de sal y una buena pizca de pimienta. Reserva.

Precalienta el horno a 220 °C con ventilador.

Dispón las crepes sobre una superficie plana y esparce una cucharada colmada de bechamel sobre cada una. Reparte unos 40 g de pollo (o judiones) sobre el cuarto inferior de cada crepe, seguidos de media cucharada de cebolleta y queso rallado. Dobla la mitad superior de cada crepe sobre la inferior para cubrir el relleno. Dobla el lado izquierdo sobre el derecho para formar unos paquetitos triangulares abiertos por un lado. Colócalos en una bandeja de horno con papel vegetal, esparce el resto del queso por encima y riega con el aceite de oliva. Hornea unos 15-18 minutos para que se doren. Espolvorea con el resto de la cebolleta y sírvelas calientes con el chutney de mango aparte.

# Limón, mascarpone y tomillo

**1 limón grande**
**75 g de azúcar extrafino**
**3-4 ramitas de tomillo**, y 1 cdta adicional de hojas
**1 ½ cdtas de pasta de vainilla**
**100 g de queso mascarpone**
**50 ml de nata para montar**
**130 g de crema de limón**
**6 crepes** (ver pág. 39)
**15 g de mantequilla sin sal**, derretida
**½ cdta de azúcar glas**
**1 cda de avellanas tostadas**, picadas gruesas
**sal**

**Para 6 personas**

Con un cuchillo afilado, rebana los extremos superior e inferior del limón. Pélalo a lo vivo, eliminando la piel y el albedo para dejar la pulpa a la vista. Apoya un colador sobre un bol pequeño y, trabajando por encima de éste, introduce el cuchillo entre los gajos para liberarlos y deja que caigan sobre el colador. Exprime lo que queda del limón sobre el mismo bol para obtener una cucharada de zumo. Corta cada gajo en 3-4 trozos y reserva.

En una cacerola pequeña, calienta el azúcar a fuego alegre, agitando la cacerola suavemente hasta que se derrita y se convierta en un almíbar de color ambarino (unos 3 minutos). Aparta del fuego y añade el zumo de limón —¡con cuidado, que salpica!—, una cucharada de agua, una pizca de sal y las ramitas de tomillo, batiendo hasta lograr una textura homogénea. Añade media cucharadita de pasta de vainilla y vierte sobre los gajos de limón cortados. Reserva.

Precalienta el grill del horno a la máxima potencia. En un bol mediano, mezcla la cucharadita restante de pasta de vainilla con el mascarpone, la nata y 50 g de la crema de limón y remueve hasta obtener una textura que sea homogénea. Esparce sobre una fuente refractaria poco profunda de 24 cm de diámetro y reserva.

Monta las crepes: esparce una cucharada rasa de la crema de limón restante sobre una crepe, dóblala por la mitad y vuelve a doblarla para formar un triángulo. Repite con el resto de las crepes y disponlas sobre la crema de mascarpone. Pinta con la mantequilla derretida y espolvorea con el azúcar glas. Gratina durante 5-6 minutos, hasta que las crepes se doren y empiecen a chamuscarse por los bordes.

Riega con el almíbar de limón y tomillo y espolvorea con las avellanas y las hojas de tomillo. Sirve las crepes calientes con el resto del almíbar aparte.

# Tortitas de polenta con ensalada de maíz especiada

*Tortitas de polenta*

**50 g de mantequilla sin sal**, cortada a dados
**220 ml de agua**
**60 g de polenta instantánea**
**130 g de harina de trigo**
**½ cdta de levadura en polvo**
**¼ cdta de bicarbonato sódico**
**2 huevos**
**200 g de nata agria**, y un poco más para servir
**80 ml de leche**
**2 cdas de sirope de arce**
**2 cebolletas**, cortadas en juliana fina (50 g)
**sal**

*Ensalada de maíz*

**2 cdas de aceite de cacahuete (o girasol)**, y un poco más para freír las tortitas
**1 cda de semillas de mostaza negra**
**1 cdta de semillas de comino**
**1 rama de canela**
**5 clavos de olor**
**20 hojas de curri**
**330 g de granos de maíz** (de 3 mazorcas frescas, o bien maíz en grano congelado)
**2 cdas de zumo de limón**
**80 g de cacahuetes tostados salados**
**1 guindilla roja**, picada fina
**10 g de hojas de cilantro**, picadas gruesas

Esta ensalada de maíz nos llegó de la mano de Anita Kerai, que la prepara a menudo para que su familia picotee. Puedes usar maíz en lata, pero nosotros lo preferimos fresco, o bien congelado (que cocinamos tal cual, sin descongelarlo). Sirve estas tortitas —una de nuestras recetas viejunas preferidas, sacada del clásico *The Silver Palate Cookbook*— con unas rodajas de aguacate.

**Salen 14 tortitas, para 4 personas**

Para preparar la masa de las tortitas, mezcla la mantequilla y el agua en una cacerola mediana con ¾ de cucharadita de sal. Lleva a ebullición a fuego moderado e incorpora la polenta. Deja hervir durante unos 3 minutos, removiendo sin parar, hasta que espese. Aparta del fuego y deja que se atempere durante 20 minutos, removiendo de vez en cuando.

Mientras, tamiza la harina, la levadura en polvo y el bicarbonato sódico.

En un bol mediano, bate los huevos y la nata agria. Incorpora la leche y el sirope de arce y vierte un cuarto de esta mezcla sobre la polenta. Remueve y añade gradualmente el resto de la mezcla de huevo y nata agria. Incorpora la harina tamizada, seguida de la cebolleta, y remueve con delicadeza para que todos los ingredientes se integren. Tapa y refrigera.

Para la ensalada de maíz, calienta el aceite a fuego alegre en una sartén antiadherente grande. Añade las especias y las hojas de curri y deja que se hagan entre 30 segundos y un minuto, hasta que las semillas de mostaza empiecen a abrirse y las hojas de curri a abarquillarse (¡ten cuidado, porque salpicarán en contacto con el aceite caliente!). Añade el maíz y saltea durante unos 10 minutos, removiendo de vez en cuando, hasta que suelte toda la humedad y empiece a caramelizarse. Aparta del fuego y añade el zumo de limón, los cacahuetes, la guindilla y media cucharadita de sal. Pasa el maíz a un bol y, cuando se haya templado, incorpora el cilantro. Antes de servir, desecha los clavos de olor y la canela en rama.

Cuando vayas a hacer las tortitas, limpia la sartén con papel de cocina y caliéntala a fuego medio. Añade una cucharadita de aceite y agita la sartén para cubrir el fondo. Vierte cerca de 55 g de masa para formar una tortita de unos 12 cm de diámetro. Deberían caber 3 o 4 por tanda. Deja que se hagan durante 4 minutos, dándoles la vuelta a media cocción. Pásalas a una fuente y mantenlas calientes mientras repites con el resto de la masa.

Para servir, reparte las tortitas entre cuatro platos y esparce una cucharada colmada de nata agria sobre cada una. Corónalas con una buena cucharada de ensalada de maíz y sirve.

# Tortitas de los mil hoyuelos

**15 g de mantequilla sin sal**, derretida
**1 cda de aceite vegetal**

*Tortitas*
**240 g de sémola de trigo fina**
**60 g de harina de fuerza**
**1 cda de azúcar extrafino**
**¾ de cdta de levadura seca de panadero**
**550 ml de agua del grifo caliente**
**sal**

*Mantequilla salada a la miel con nueces pecanas*
**100 g de mantequilla sin sal, a temperatura ambiente**
**2 cdas de miel fluida**
**½ cdta de sal marina en escamas**
**2 cdtas de agua de azahar** (opcional)
**50 g de nueces pecanas,** tostadas y picadas

Esta receta se inspira en una especialidad marroquí conocida como *beghrir*: tiernas y esponjosas tortitas de sémola de trigo con las que Yotam solía empezar el día mientras rodaba *El festín mediterráneo de Ottolenghi*. Tras probar todas y cada una de las masas recién horneadas de la medina, fueron estas tortitas —que recuerdan un poco a los *crumpets*, pero son mucho más fáciles de preparar— las que conquistaron su paladar. Gracias a Mandy Lee por las instrucciones para lograr los «mil hoyuelos».

*Adelántate:* puedes dejar la masa hecha la víspera y guardarla en la nevera hasta el día siguiente, para que fermente. En ese caso, reduce la levadura a ¼ de cucharadita. La mantequilla a la miel se conserva refrigerada durante una semana.

**Salen 12 tortitas**

Mezcla todos los ingredientes de las tortitas en un vaso batidor con media cucharadita de sal. Tritura durante unos 30 segundos, hasta lograr una textura homogénea, y vierte la masa en un vaso alto. Tapa y reserva a temperatura ambiente durante cerca de una hora, hasta que burbujee.

Para la mantequilla a la miel, bate la mantequilla en un bol pequeño con una cuchara de palo hasta obtener una textura cremosa. Añade la miel, la sal marina en escamas y el agua de azahar (opcional) y vuelve a batir hasta lograr una textura sedosa y homogénea. Incorpora las nueces pecanas y pasa a un bol de servir.

Cuando vayas a hacer las tortitas, remueve la masa con delicadeza —se desinflará un poco— y deja que repose durante 5 minutos. Mientras, calienta a fuego alegre una sartén antiadherente (idealmente, de 18 cm de diámetro) y, cuando esté bien caliente, baja a fuego moderado. Mezcla la mantequilla derretida y el aceite en un bol pequeño, moja un trozo de papel de cocina arrugado en esta mezcla y úsalo para engrasar ligeramente el fondo de la sartén. Vierte cerca de 70 ml de masa en el centro de la sartén y agítala en movimientos circulares, para esparcirla. La tortita debe tener unos 12 cm de diámetro. Deja que se haga durante 2-3 minutos —verás que enseguida empiezan a formarse los característicos hoyuelos—, hasta que la masa se vea cuajada por arriba. Pasa la tortita a un plato sin darle la vuelta —se cocinan por un solo lado— y repite con el resto de la masa. Deja que las tortitas se atemperen antes de servirlas y úntalas generosamente con la mantequilla a la miel. Dóblalas o enróllalas para sellar el relleno antes de comerlas.

# Sopas, cremas, untables

# Crema de berenjena, pimiento rojo y tomate al horno

**2 berenjenas**, pinchadas con un tenedor (700 g)
**60 ml de aceite de oliva**
**6 tomates grandes** (725 g)
**2 pimientos rojos** (490 g)
**2 cebollas**, picadas gruesas (350 g)
**6 dientes de ajo**, picados gruesos
**1 cda de hojas de tomillo**
**2 cdtas de comino molido**
**1 cdta de pimentón dulce**
**1/8 de cdta de pimienta de cayena**
**¼ de cdta de hebras de azafrán**
**1 cda de concentrado de tomate**
**650 ml de caldo vegetal (o agua)**
**sal**

*Aderezo de almendra frita*
**60 ml de aceite de oliva**
**70 g de almendras laminadas**
**2 cdtas de hojas de tomillo**
**1/8 de cdta de hebras de azafrán**
**1/8 de cdta de pimienta de cayena**
**1/8 de cdta de pimentón dulce**
**1/8 cdta de comino molido**
**¼ de cdta de sal marina en escamas**
**5 g de perejil**, picado grueso
**1 cda de vinagre de jerez (o vino tinto)**

**Por increíble que parezca, el punto de partida de esta receta es una lata de sopa de tomate Heinz. Si alguna vez te han llevado un bol de esta sopa a la cama estando enfermo, no podrás desvincular esa reconfortante sensación del sabor de la clásica crema de tomate sedosa y dulce. Conscientes de que, si alguien quiere una sopa Heinz, no tiene más que bajar al súper, nos hemos apartado bastante del original. Con sus verduras ahumadas y el toque final del vinagre de jerez, esta crema evoca más un plato como la escalibada catalana que algo salido de una lata.**

**Para 4-6 personas**

Precalienta el horno a 220 °C con ventilador.

Acomoda las berenjenas sobre una bandeja de horno cubierta con papel vegetal y riega con una cucharada de aceite. Hornea durante 30 minutos, dándoles la vuelta una o dos veces. Añade los tomates y pimientos, riega con otra cucharada de aceite y gira las verduras para que queden bien untadas. Hornea durante 30 minutos más, hasta que tomen color y se les arrugue la piel. Retira del horno y, cuando estén lo bastante frías para manipularlas, pela todas las verduras. No te preocupes si quedan algunos trozos de piel adherida a la pulpa. Desecha las semillas y pedúnculos.

Mientras, en una cacerola grande con tapa, calienta a fuego alegre las dos cucharadas restantes de aceite y sofríe la cebolla durante 10 minutos, hasta que esté tierna y dorada. Añade el ajo y el tomillo, baja el fuego y sofríe durante 5 minutos más, removiendo de vez en cuando. Incorpora las especias y el concentrado de tomate, hierve durante 2 minutos y luego añade todas las verduras peladas, junto con sus jugos, desmenuzándolas con una cuchara de palo. Añade el caldo y 2 cucharaditas de sal. Lleva a ebullición, baja el fuego y mantén un suave hervor, con la cacerola semitapada, durante 10 minutos. Aparta del fuego y, usando una batidora de mano o vaso batidor, tritura hasta obtener una textura suave y homogénea.

Mientras la crema hierve, prepara el aderezo de almendra frita. En un cazo pequeño, calienta el aceite a fuego moderado y fríe las almendras durante 3-4 minutos, removiendo a menudo, hasta que se doren un poco. Antes de retirar el cazo del fuego, añade las hojas de tomillo, las especias y la sal marina en escamas. Cuando la mezcla se enfríe, incorpora el perejil picado y el vinagre.

Reparte la crema en boles individuales, espolvorea con las almendras fritas y riega con el aceite de freírlas.

# Mulligatawny

**1,2 kg de muslos de pollo**, sin deshuesar, con la piel
**150 g de arroz rojo de la Camarga**
**50 g de mantequilla sin sal**
**1 cebolla grande**, picada gruesa (200 g)
**2 zanahorias**, peladas y picadas gruesas (140 g)
**2 ramas de apio**, picadas gruesas (100 g)
**1 pimiento verde**, sin semillas y picado grueso (165 g)
**3 dientes de ajo**, picados gruesos
**10 g de jengibre**, pelado y picado grueso
**1 cda de curri suave en polvo**
**1 cda de *garam masala***
**2 cdas de harina de garbanzo (o de trigo)** (si prefieres una textura más líquida, excluye este ingrediente)
**2 tomates**, picados finos (200 g)
**1 cda de concentrado de tomate**
**100 g de lentejas rojas partidas *(masoor dal)***, enjuagadas y escurridas
**100 ml de crema de coco**
**1 cdta de zumo de lima**
**sal y pimienta negra**

Tadka
**1 ½ cdas de aceite de oliva**
**1 ½ cdas de mantequilla sin sal**
**2 ½ cdtas de semillas de comino**
**2 cdtas de semillas de mostaza negra**
**1 guindilla verde**, cortada en rodajas finas
**25 hojas de curri**

*Para servir*
**5 g de hojas de cilantro**
**2 limas**, cortadas en cuartos

La comida que más nos reconforta es a menudo la que preparamos cuando estamos lejos de casa, algo que ocurre a todos los niveles (individual y colectivo) y en todas las direcciones (inmigración y emigración). El *mulligatawny* nació entre los británicos que vivían en la India colonial y echaban de menos la sopa con la que solían empezar todas las comidas. Los cocineros indios, poco familiarizados con esta tradición, crearon un caldo poco espeso y picante conocido como *molo tunny* o «agua de pimiento». Luego lo enriquecieron con carne y verduras para satisfacer los extravagantes gustos de los británicos, y así nació el *mulligatawny*. *Fotografía en la página siguiente.*

*Adelántate:* el pollo y el caldo de base pueden dejarse hechos y refrigerados hasta 2 días antes. En ese caso, incorpora el pollo al final y calienta todo el guiso.

**Para 6 personas**

En una cacerola grande con tapa, pon a calentar los muslos de pollo en 2 litros de agua. Lleva a ebullición, desespuma y mantén un hervor suave durante cerca de 1 ½ horas con la cacerola semitapada. Retira el pollo del caldo (reserva el líquido; debería quedar cerca de litro y medio) y reserva. Cuando esté lo bastante fría para manipularla, desmenuza la carne de pollo, desechando los huesos y la piel.

Mientras el pollo se hace, hierve el arroz siguiendo las instrucciones del paquete. Escurre bien y reserva.

En una cazuela grande con tapa, calienta la mantequilla a fuego alegre y sofríe la cebolla, la zanahoria, el apio, el pimiento verde, el ajo y el jengibre durante 18-20 minutos, hasta que las verduras estén tiernas y un poco caramelizadas. Añade el curri, el *garam masala* y la harina (opcional), y remueve para evitar que las especias se agarren al fondo de la cazuela. Al cabo de un minuto, añade el tomate picado y el concentrado de tomate. Incorpora las lentejas, el caldo, 2 cucharaditas y media de sal y una pizca de pimienta. Remueve y lleva a ebullición. Baja el fuego, tapa y hierve durante 30 minutos, hasta que las verduras y las lentejas estén tiernas. Usando una batidora de mano (o un vaso batidor), tritura hasta obtener una crema homogénea. Incorpora la crema de coco, el zumo de lima y el pollo, y caliéntalo todo suavemente.

Cuando vayas a servir, prepara la *tadka*. Primero calienta el aceite y la mantequilla en una sartén pequeña a fuego medio. Añade las semillas de comino y mostaza y fríelas durante unos segundos, hasta que empiecen a abrirse. Añade la guindilla y las hojas de curri, apartándote para que no te salpique. Remueve un minuto.

Reparte el arroz en 6 boles, seguido de uno o dos cucharones de crema. Riega con la *tadka*, espolvorea con las hojas de cilantro y sirve acompañado de las cuñas de lima.

# Crema de guisantes con jamón

**60 ml de aceite de oliva**
**2 cebollas**, picadas gruesas (340 g)
**2 zanahorias**, peladas y picadas gruesas (160 g)
**2 ramas de apio**, picadas gruesas (130 g)
**4 dientes de ajo**, picados gruesos
**2 hojas de laurel**
**1 cda de semillas de comino**, tostadas y ligeramente majadas
**2 cdtas de semillas de cilantro**, tostadas y ligeramente majadas
**500 g de guisantes secos partidos**, pasados por agua y escurridos
**1 lata de 400 g de pulpa de tomate**
**1 kg de codillo o jarrete de cerdo salado**
**1,75 l de caldo de pollo (o agua)**
**sal y pimienta negra**

*Picada de guisantes y menta*
**190 ml de aceite de oliva**
**60 g de semillas de calabaza**
**15 g de hojas de menta** (10 g enteras y 5 g picadas gruesas)
**2 cdtas de menta seca**
**250 g de guisantes finos (o normales) congelados**, descongelados
**1 cda de zumo de lima**

El inconfundible aroma de la paletilla de cerdo asada —que aquí hemos sustituido por codillo o jarrete—, acompañada de guisantes, tomates y especias evoca la Navidad en el hogar de los Ottolenghi-Allen, donde Karl, fiel a sus raíces irlandesas, hierve primero la paletilla a fuego lento y luego la recubre de azúcar moreno y la tachona con clavos de olor —la parte preferida de los niños— para luego hornearla. Los guisantes son el contrapunto ideal al sabor ahumado, untuoso y dulce de la carne en esta receta atemporal que representa como pocas lo que entendemos por comida reconfortante, en este caso al estilo de Yotam y Allen. *Fotografías en la página 57.*

*Adelántate:* la crema se conserva hasta 4 días en la nevera o más tiempo en el congelador. La picada debe consumirse el mismo día que se prepara, ya que el zumo de lima la oxidará con el paso de las horas.

**Para 8 personas**

En una olla grande, de unos 28 cm de diámetro, provista de tapa, calienta el aceite a fuego medio y rehoga las cebollas, las zanahorias, el apio, el ajo y las hojas de laurel durante 15 minutos, removiendo de vez en cuando, hasta que las verduras estén tiernas y empiecen a dorarse. Añade las semillas de comino y cilantro y rehoga durante un minuto antes de añadir los guisantes partidos, el tomate, el codillo salado y el caldo, de modo que apenas cubra la carne. Lleva a ebullición, baja el fuego y mantén un hervor suave durante 1 ¾ horas con la olla tapada. Saca el codillo de la olla, pásalo a una fuente para que se temple y salpimiéntalo (el punto de salazón de estas piezas varía, así que ajusta los condimentos en consecuencia). Saca las hojas de laurel y, usando una batidora de mano (o trabajando en tandas con un vaso batidor o robot de cocina), tritura las verduras para obtener una crema de la textura deseada.

Mientras, prepara la picada. En una sartén pequeña, calienta a fuego alegre una cucharadita de aceite, las semillas de calabaza y un pellizco de sal. Tuesta las semillas durante 4-5 minutos, removiendo a menudo, hasta que empiecen a inflarse y abrirse. Reserva. En el bol de un robot de cocina, mezcla las hojas de menta enteras, la menta seca, 150 g de guisantes, la mitad de las semillas de calabaza, 120 ml de aceite y ¾ de cucharadita de sal. Tritura para lograr una picada de textura gruesa y pásala a un bol pequeño. Añade los 65 ml restantes de aceite, la menta picada, el zumo de lima y el resto de los guisantes. Remueve y reserva.

Cuando el codillo esté lo bastante frío para manipularlo, retira la grasa y deséchala. Desmenuza o corta la carne en trozos del tamaño de un bocado. Puedes volver a incorporar la carne a la crema o bien esparcirla por encima de ésta, junto con unas cucharadas de picada y un puñado de semillas de calabaza tostadas.

# Sopa de albóndigas de matzá

*Mezcla de especias* hawaij *(opcional)*
**1 cda de semillas de cilantro**
**2 cdtas de semillas de comino**
**2 clavos de olor**
**las semillas de 8 vainas de cardamomo**
**½ cdta de semillas de fenogreco**
**¼ de cdta de pimienta negra en grano**
**½ cdta de cúrcuma molida**

*Caldo de pollo*
**4 zanahorias pequeñas:** 2 cortadas en rodajas finas, 2 cortadas en trozos grandes (300 g)
**1 kg de muslos de pollo**
**1 chirivía grande**, cortada a cuartos (175 g)
**2 ramas de apio**, picadas gruesas (135 g)
**1 cebolla**, cortada a cuartos (180 g)
**2 hojas de laurel**
**20 g de tallos de perejil**
**10 g de tallos de eneldo** (guarda la hoja para servir)
**4 dientes de ajo**, pelados y prensados
**⅛ de cdta de cúrcuma molida**
**¼ de cdta de pimienta negra en grano**
**3½ cdtas de sal**
**2 cdtas de mezcla de especias** ***hawaij*** (opcional, comprada o ver *arriba*)

*Albóndigas de matzá*
**115 g de harina de matzá fina o mediana**
**½ cdta de levadura en polvo**
**3 huevos**
**60 ml de aceite de girasol**
**1 diente de ajo,** prensado
**sal y pimienta negra**

La familia de Helen adora las albóndigas de matzá, tanto que no pueden esperar a la Pascua para comerlas. En su casa preparan una versión más ligera de estas albóndigas hechas con pan ácimo, mientras que la familia de Yotam —cuya tía defendía la tradición a rajatabla— las prefiere bien densas. La versión que presentamos busca el punto intermedio: ni demasiado esponjosas, ni demasiado compactas.

*Adelántate:* tanto del caldo como las albóndigas pueden hacerse la víspera.

*Nota sobre los ingredientes: «hawaij»* significa «mezcla» en árabe. Es una combinación de especias yemení en la que el comino es el protagonista. Tal vez no sea muy ortodoxa, pero aporta un delicioso y cálido aroma a las albóndigas matzá.

**Para 4 personas**

Para el *hawaij*, si lo usas, tuesta todas las especias salvo la cúrcuma en un cazo a fuego moderado durante 3-5 minutos o hasta que desprendan su aroma. Pasa la mezcla a una picadora (o mortero) y tritura hasta obtener un polvo fino. Incorpora la cúrcuma y pasa a un frasco limpio con cierre hermético, donde se conservará hasta 6 meses.

Para el caldo de pollo, mezcla en una olla grande los trozos de zanahoria y los demás ingredientes del caldo (salvo las rodajas de zanahoria). Añade 2 ½ litros de agua y lleva a ebullición, desespumando la superficie. Baja el fuego, tapa la olla y mantén un hervor suave durante 1 ½ horas.

Mientras, prepara las albóndigas de matzá. En un bol mediano, mezcla la harina de matzá y la levadura en polvo junto con ¾ de cucharadita de sal y ¼ de cucharadita de pimienta recién molida. En un bol aparte, bate los huevos, el aceite y el ajo, y vierte la emulsión resultante sobre la harina de matzá. Con un tenedor, remueve la mezcla con delicadeza para deshacer los grumos. Tapa y refrigera durante por lo menos una hora (o hasta el día siguiente), para que tome cuerpo.

Hacia los últimos 15 minutos del tiempo de cocción del caldo, empieza a hacer las albóndigas. Remueve la mezcla con delicadeza y moldea bolas de unos 20 g cada una. Reserva.

Saca los trozos de pollo del caldo y reserva. Escurre y desecha las verduras. Lleva el caldo a ebullición y añade las rodajas de zanahoria y las albóndigas. Baja el fuego a medio-bajo y, con la olla semitapada, mantén un hervor suave durante 45 minutos (que no hierva a borbotones). Elimina la piel y los huesos del pollo, desmenuza la carne y añádela al caldo. Reparte las albóndigas entre cuatro boles y cubre con el caldo. Espolvorea con la mezcla de especias *hawaij* (opcional), y las hojas de eneldo reservadas.

# Sopa de pan con queso y col de Saboya

**75 ml de aceite de oliva**
**30 g de mantequilla sin sal**
**3 cebollas**, cortadas en juliana fina (450 g)
**4 dientes de ajo**, 2 cortados en láminas finas y 2 enteros
**7 anchoas**, picadas finas
**3 cdas de hojas de tomillo**, picadas finas (10 g)
**1 hoja de laurel**
**200 ml de vino blanco seco**
**1 col de Saboya**, con las hojas troceadas a mano (250 g)
**1 manojo de *cavolo nero***, con las hojas troceadas a mano (150 g)
**¼ de cdta de nuez moscada molida**
**25 g de perejil**, picado grueso
**9 rebanadas de pan rústico o de centeno**, de 1 cm de grosor (450 g)
**250 g de queso fontina, gruyère o comté**, rallado grueso
**50 g de parmesano**, rallado fino
**2 litros de caldo de pollo o ternera caliente**, bien sazonado
**sal y pimienta negra**

He aquí lo que pasaría si una sopa de cebolla, una fondue de queso y una raclette se juntaran tras pasar un día de excursión en la nieve: puro placer en forma de queso fundido y dulce cebolla. A falta de montañas nevadas, la receta funciona igual de bien cualquier día destemplado, cuando el cuerpo nos pide un plato sustancioso y reconfortante.

*Nota sobre los ingredientes:* en esta receta, la calidad y fuerza de los ingredientes es importante; el caldo debe ser consistente y sabroso, el pan rústico y de miga prieta, el queso cremoso y rico en matices.

**Para 6-8 personas**

En una cazuela de hierro fundido grande, calienta a fuego alegre 2 cucharadas de aceite y una de mantequilla. Pocha la cebolla durante unos 15 minutos, removiendo a menudo, hasta que esté tierna y empiece a caramelizarse. Baja un poco el fuego y añade el ajo laminado, las anchoas, el tomillo y la hoja de laurel. Rehoga durante 2 minutos más, removiendo una o dos veces. No te preocupes si se pega un poco al fondo. Añade el vino, sube el fuego y reduce durante 2 minutos. Añade las dos coles junto con la cucharada restante de mantequilla, la nuez moscada, una cucharadita de sal y una buena pizca de pimienta. Deja hervir cerca de 6 minutos, removiendo a menudo, hasta que la col esté tierna. Pasa la sopa a un bol aparte, incorpora el perejil y reserva.

Precalienta el horno a 190 °C con ventilador.

Tuesta 6 rebanadas de pan hasta que estén ligeramente doradas y luego frótalas generosamente por ambas caras con el diente de ajo entero. Desmenuza las tostadas en 3-4 trozos y usa cerca de la mitad para cubrir el fondo de la cazuela. Vierte por encima la mitad de la col, riega con una cucharada de aceite y espolvorea con un tercio de los quesos. Añade un poco de pimienta molida y cubre con el resto del pan desmenuzado para crear una capa uniforme. Sigue con el resto de la mezcla de col, las 2 cucharadas de aceite restantes, la mitad del queso y un poco más de pimienta. Por último, trocea con las manos las 3 rebanadas sobrantes de pan sin tostar y repártelas por encima. Usando un cucharón, vierte con cuidado 1 ½ litros de caldo caliente en la cazuela y presiona el pan para asegurarte de que se empapa bien. Esparce por encima el queso restante y hornea durante 30 minutos, hasta que se vea ligeramente tostado. Deja reposar en el horno durante 10 minutos antes de repartir la sopa en boles. Riega con el resto del caldo y sirve.

# Hummus

**2 botes de 700 g de garbanzos hervidos**, escurridos y pasados por agua
**2 cdtas de comino molido**
**2 guindillas rojas**, cortadas en juliana fina
**20 ml de vinagre de sidra**
**250 g de tahina**
**200 ml de agua**
**4 limones**: 2 enteros y 2 exprimidos para obtener 60 ml de zumo
**2 dientes de ajo grandes,** prensados
**3 cdas de aceite de oliva**, y un poco más para servir
**4 cubitos de hielo** (50 g)
**½ cdta de semillas de comino**, tostadas y ligeramente majadas
**5 g de hojas de perejil**, picadas
**sal**

*Para servir (opcional: elige los aderezos que quieras)*
**pan pita tibio**
**huevos duros**
**cebolleta cortada en juliana**
**encurtidos**

Mucho se ha dicho y escrito sobre el hummus: una especialidad palestina, una especialidad israelí, el centro de una enquistada polémica. En aras de la concordia y el espíritu fraternal que anima estas páginas, dejaremos esas disputas a un lado. Este plato estrella de ambas naciones es lo primero que le viene a la mente a Yotam cuando piensa en hogar, no en el sentido material de la casa que lo vio crecer —en las cocinas de Jerusalén no es habitual preparar hummus—, sino como el plato en torno al cual se reúnen los amigos para comer en la calle. El hummus recién hecho que se sirve en los numerosos puestos especializados en este plato es no sólo un manjar, sino también una experiencia única: especiado, cremoso, alimonado y suntuoso, fuente infalible de consuelo y solaz. Aun hoy, la primera parada de Yotam, Karl y sus chicos siempre que visitan Israel es un puesto de hummus. *Fotografía en la página 64.*

**Para 6-8 personas, como entrante o parte de un menú de tapas**

En una cacerola mediana, mezcla los garbanzos con el comino molido y media cucharadita de sal. Vierte 750 ml de agua y lleva a ebullición a fuego vivo. Después, baja el fuego y mantén un hervor suave durante 10 minutos, hasta que los garbanzos estén muy tiernos. Escurre y desecha el agua de cocción.

Mientras, mezcla la guindilla con el vinagre y una pizca de sal. Reserva.

Prepara la salsa de tahina batiendo la crema de sésamo, agua, 60 ml de zumo de limón, la mitad del ajo prensado y media cucharadita de sal.

Usa un cuchillo afilado para pelar y separar los gajos de los 2 limones enteros. Pica los gajos y ponlos en un bol mediano, exprimiendo y añadiendo el zumo que quede en el limón. Incorpora la mitad de los garbanzos escurridos al limón picado. Añade el aceite de oliva, media cucharadita de sal y remueve.

Pon los garbanzos restantes en un robot de cocina. Aparta 70 g de la salsa de tahina y reserva para servir. Añade el resto al robot de cocina, junto con la otra mitad del ajo prensado, los cubitos de hielo y ¾ de cucharadita de sal. Tritura durante 2-3 minutos, hasta lograr una textura aireada y sedosa.

Esparce el hummus sobre una fuente de servir. Vierte por encima la mezcla de garbanzos y limón y riega con la salsa de tahina reservada. Espolvorea con la guindilla encurtida, las semillas de comino, el perejil y riega con un chorrito de aceite. Sirve con los aderezos que prefieras.

# Hummus al estilo del sur de Francia
## (crema de garbanzos e hinojo)

**90 ml de aceite de oliva virgen extra**
**1 cebolla grande**, cortada en dados de 1 cm (200 g)
**1 bulbo de hinojo grande**, cortado en dados de 1 cm (275 g); reserva la hoja para servir
**4 dientes de ajo,** prensados
**2 cdtas de semillas de hinojo**, ligeramente tostadas y majadas
**45 ml de vermut seco (o Pernod)**
**1 bote de 700 g de garbanzos hervidos**, escurridos y enjuagados
**40 ml de zumo de limón**
**10 g de hojas de albahaca**, para servir

*Aderezo de tomate, aceitunas y pimiento*
**1 pimiento rojo grande**, cortado por la mitad y sin semillas (unos 150 g)
**35 ml de aceite de oliva**
**150 g de tomates cherry**, cortados por la mitad
**1 diente de ajo pequeño, prensado** con la hoja del cuchillo
**50 g de aceitunas negras deshuesadas**, picadas gruesas
**1 cdta de vinagre de vino tinto**
**sal y pimienta negra**

Esta receta —¡puristas del hummus, absteneos!— era una de las preferidas del menú de cáterin del café de Helen (hace tanto de aquello que el origen de la receta se ha perdido en la noche de los tiempos), donde se servía con pescado a la plancha. El vermut, el aceite de oliva y el hinojo sustituyen a la tahina y aportan a este hummus un aire del sur de Francia. El aderezo de tomate, aceitunas y pimiento subraya ese espíritu soleado. Sírvelo tibio como entrante, con una buena baguette para rebañar, si quieres seguir con la onda provenzal, o bien con pan pita como guiño a sus orígenes en Oriente Próximo. *Fotografía en la página 65.*

**Para 6 personas, como entrante o parte de un menú de tapas**

Precalienta el horno a 220 °C con ventilador.

Prepara el aderezo. Dispón el pimiento cortado, con la piel hacia arriba, en una bandeja pequeña cubierta con papel vegetal. Riega con una cucharadita de aceite de oliva y hornea durante 15 minutos, hasta que esté tierno y ligeramente arrugado. Pásalo a un bol y reserva, herméticamente tapado, para que el vapor ayude a separar la piel de la pulpa. Cuando esté frío, pélalo, córtalo en tiras finas y devuélvelo al bol.

Acomoda los tomates en la misma bandeja junto con el ajo, una cucharada de aceite, ¼ de cucharadita de sal y un poco de pimienta. Mezcla y hornea durante 5 minutos, hasta que los tomates empiecen a deshacerse. Retira del horno y añade al bol del pimiento junto con las aceitunas, el vinagre y las cucharadas restantes de aceite.

Para hacer la crema de garbanzos e hinojo, calienta 60 ml de aceite en una cazuela grande a fuego lento y rehoga la cebolla, el hinojo y media cucharadita de sal durante unos 7 minutos, hasta que empiecen a reblandecerse. Añade el ajo y una cucharadita y media de semillas de hinojo y rehoga durante 7-8 minutos más, hasta que las verduras estén muy tiernas y empiecen a dorarse. Añade el vermut (se evaporará deprisa) y a continuación los garbanzos y ¼ de cucharadita de sal. Deja que se haga 2-3 minutos más a fuego moderado y pasa la mezcla a un robot de cocina. Añade el zumo de limón y una buena pizca de pimienta. Con el motor en marcha, vierte una cucharada de aceite y tritura hasta obtener una crema de textura fina.

Para servir, pasa la crema a una fuente. Esparce por encima el aderezo de tomate y espolvorea con la albahaca, la hoja del hinojo y la media cucharadita restante de semillas de hinojo. Riega con la cucharada de aceite restante y sirve la crema tibia o a temperatura ambiente.

# Buñuelos y otras frituras

# Buñuelos de arroz con queso para vagos

**200 g de arroz para sushi**, remojado durante media hora
**240 ml de agua**
**1/8 de cdta de cúrcuma molida**
**1-2 cebolletas pequeñas**, picadas finas (50 g)
**50 g de yogur tipo griego**
**2 cdtas de semillas de ajenuz**
**125 g de guisantes congelados**, descongelados
**100 g de mozzarella de baja humedad**, rallada fina
**80 g de queso feta**
**35 g de *ghee* (o mantequilla)**, para freír
**sal y pimienta negra**

*Salsa exprés de chile dulce*
**2 guindillas rojas**, sin semillas y picadas finas (20 g)
**1 diente de ajo**, prensado
**1 ½ cdtas de salsa de pescado**
**40 g de miel fluida**
**1 ½ cdtas de zumo de lima**

Estos buñuelos de arroz se preparan en un abrir y cerrar de ojos y son perfectos para picar algo antes de cenar, pero también triunfarán —sobre todo entre los más pequeños— como plato principal. Si alguien no quiere la salsa de chile dulce, cámbiala por un chorrito de limón.

No temas pasarte de cocción cuando vayas a freír estos buñuelos en el *ghee*: sus bordes crujientes te traerán recuerdos del *tahdig* o *socarrat*, esa capa de arroz crujiente que se forma en el fondo de la paella. *Fotografía en la página 70.*

*Adelántate:* los buñuelos pueden dejarse listos unas horas antes de freírlos. Tápalos con un paño de cocina limpio para evitar que se resequen. Una vez fritos, lo mejor es consumirlos en el mismo día. La salsa de chile se conserva durante 3 días en la nevera. Si te gusta, dobla las cantidades: con un poco de mayonesa, es perfecta para untar un bocadillo.

**Para 4 personas**

Escurre el arroz y pásalo a un cazo provisto de tapa junto con el agua, la cúrcuma y media cucharadita de sal. Lleva a ebullición, baja el fuego, tapa y deja hervir durante 15 minutos. Aparta del fuego y reserva, tapado, durante 10 minutos.

En un cazo, mezcla todos los ingredientes de la salsa de chile salvo el zumo de lima. Lleva a ebullición y mantén un hervor suave durante 3 minutos, hasta que la mezcla espese un poco y se vuelva brillante. Añade el zumo de lima y aparta del fuego para que se atempere.

En un bol mediano, mezcla el arroz hervido, la cebolleta, el yogur, las semillas de ajenuz, los guisantes, los dos quesos y ¾ de cucharadita de sal. Remueve para que se integren. Ten a mano un bol de agua fría y, con las manos mojadas, saca unos 60 g de la mezcla de arroz y forma una bola, comprimiendo con firmeza para compactarla. Aplánala para formar un disco y reserva mientras repites con el resto del arroz.

En una sartén grande, calienta a fuego alegre un tercio del *ghee*. Cuando esté caliente, añade los buñuelos —en tandas de 4 o 5— y fríelos durante unos 6 minutos, dándoles la vuelta para que se doren por ambos lados. Pásalos a una fuente cubierta con papel vegetal y repite con el resto del *ghee* y los buñuelos (para evitar que se enfríen, puedes dejarlos en el horno a 150 °C con ventilador hasta que vayas a servirlos). Sírvelos tibios con la salsa de chile dulce aparte.

# Falafels de soja verde y *kimchi*

**130 g de soja verde**, remojada desde la víspera en abundante agua
**100 g de *kimchi***, escurrido y picado grueso
**100 g de repollo** (no col china), picado grueso
**½ cebolleta,** cortada en juliana fina (25 g)
**10 g de cilantro**, picado grueso
**aceite de girasol**, para freír
**sal y pimienta negra**

*Salsa de* kimchi
**100 g de *kimchi***, reducido a puré
**1 cda de salsa de soja**
**1 ½ cdas de vinagre de arroz**
**1 ½ cdas de miel fluida**
**1 ½ cdtas de aceite de sésamo**
**1 cda de salsa de pescado**

Esta receta empezó como unas tortitas de aire coreano, pero nos quedamos tan prendados de su exterior crujiente, similar al de los falafels, que decidimos probar suerte y ver qué pasaba si les dábamos forma de bola y las freíamos en aceite. Luego, por supuesto, ya fue imposible imaginarlas de ninguna otra manera. *Fotografía en la página 71.*

*Adelántate:* como ocurre con los garbanzos crudos en los falafels tradicionales, la soja verde no se cocina de antemano, pero sí que necesita una noche de remojo. Si lo prefieres, puedes dejar la masa hecha la víspera. Soltará líquido durante el reposo, de manera que escúrrela antes de formar las bolas y freírlas.

**Para 4-6 personas**

Mezcla todos los ingredientes de la salsa de *kimchi* y reserva.

Escurre la soja verde y tritura en un robot de cocina hasta obtener una pasta homogénea. Añade los demás ingredientes (salvo el aceite), una cucharadita de sal y una buena pizca de pimienta. Tritura a impulsos intermitentes para lograr una pasta gruesa y pásala a un bol grande.

Forra una bandeja de horno con varias capas de papel de cocina. Usando una cuchara sopera, coge porciones de masa y forma bolitas de unos 20 g cada una. Deposítalas en la bandeja forrada (deberían salir unas 24).

Cuando vayas a freír, vierte suficiente aceite en una cazuela mediana para que cubra 4 cm y calienta a fuego vivo. Cuando esté bien caliente (haz la prueba introduciendo un palillo chino o el extremo de una cuchara de palo en el aceite: deberían formarse diminutas burbujas alrededor de la punta), sumerge las bolitas en el aceite con cuidado, de una en una, y fríe durante unos 4 minutos, hasta que se doren. Con una espumadera, sácalas y pásalas a una rejilla cubierta con papel de cocina. Repite con el resto de la masa y sirve los «falafels» tibios con la salsa de *kimchi* aparte.

# Pakoras de coliflor y calabaza

**100 g de harina de trigo**
**100 g de harina de garbanzo**
**1 cdta de levadura en polvo**
**1 cdta de cúrcuma molida**
**1 cdta de cilantro molido**
**½ cdta de guindilla picante molida**
**1 ½ cdtas de semillas de comino**, ligeramente tostadas
**2 cdtas de semillas de mostaza negra**, ligeramente tostadas
**250 ml de agua fría**
**2 dientes de ajo,** prensados
**10 g de jengibre**, pelado y picado fino
**20 g de cilantro**, picado grueso
**1 cebolla roja pequeña**, cortada en juliana fina (100 g)
**¼ de calabaza violín**, pelada y rallada (200 g)
**½ coliflor pequeña** (310 g), con los ramilletes cortados en trozos de 3-4 cm (reserva la hoja)
**aceite de girasol**, para freír
**sal**

*Salsa de tamarindo*
**1 ½ cdas de pasta de tamarindo**
**1 diente de ajo, prensado**
**50 ml de zumo de lima**
**1 ½ cdas de azúcar de caña rubio**
**1 ½ cdtas de salsa de pescado**
**2 cdtas de guindilla en copos**

Si le preguntamos a Yotam por la fórmula ideal de la comida reconfortante, su respuesta será algo del tipo: verduras + masa + fritura + comida callejera + que se come con las manos = pakoras. Son el tentempié definitivo, que tanto vale para apañar un almuerzo como para picotear antes de la cena.

Piensa en esta receta como un plato de aprovechamiento. Si lo que tienes en la nevera son zanahorias, boniatos, chirivías, remolachas o calabacines que piden a gritos ser usados, puedes intercambiarlos (o añadirlos) a la calabaza. El brócoli puede sustituir a la coliflor. Usa lo que haya, siempre que el peso neto total sea el mismo. Una vez hechas, las pakoras pueden guardarse refrigeradas en un recipiente hermético y recalentarse al día siguiente.

**Para 4-6 personas**

Pica todas las verduras antes de hacer la masa para poder freír enseguida, porque el reposo no le sienta bien.

Mezcla todos los ingredientes de la salsa en un frasco con tapa de rosca, agita para integrarlos y reserva.

Mezcla ambas harinas en un bol grande con la levadura en polvo, las especias y una cucharadita y cuarto de sal. Incorpora el agua y remueve con delicadeza hasta lograr una masa espesa. Añade el ajo, el jengibre, el cilantro, la cebolla, la calabaza, los ramilletes de coliflor y sus hojas, y remueve.

Vierte suficiente aceite en la sartén para cubrir 5 cm y calienta a fuego alegre. Cuando esté bien caliente (haz la prueba introduciendo un palillo chino o el extremo de una cuchara de palo en el aceite: deberían formarse diminutas burbujas alrededor de la punta), usa dos cucharas para sacar cerca de 70 g de masa. No queremos compactarla, de modo que usa las cucharas para darle una forma redondeada sin aplastarla. Deja caer la pakora con cuidado en el aceite y fríe durante unos 4 minutos, dándole la vuelta a media fritura. Deberías poder freírlas en tandas de cuatro. Con una espumadera, pasa las pakoras a una bandeja cubierta con papel de cocina. Espolvorea con sal y reserva mientras repites con el resto de la masa. Sirve con la salsa de tamarindo aparte, para mojar.

# *Cucur udang* (buñuelos de langostinos)

**350 g de langostinos frescos o congelados,** pelados (pero con la cola intacta): reserva 12, retira la cola a los demás y córtalos en trozos pequeños
**500 ml de aceite de girasol**, para freír

*Masa*
**150 g de harina de trigo**
**½ cdta de azúcar extrafino**
**½ cdta de levadura seca de panadero**
**¼ cdta de levadura en polvo**
**½ cdta de cúrcuma molida**
**1 cebolleta**, cortada en juliana fina (45 g), y un poco más para servir
**1 guindilla verde**, picada fina
**1 ½ cdtas de salsa de pescado**
**½ cdta de aceite de sésamo**
**150 ml de agua**
**sal y pimienta blanca molida**

*Salsa picante para mojar*
**2 guindillas rojas**, sin semillas y picadas gruesas
**10 g de jengibre**, pelado y picado grueso
**2 dientes de ajo**, pelados y enteros
**2 ½ cdas de azúcar extrafino**
**35 ml de zumo de lima**
**½ cdta de aceite de sésamo**
**50 ml de agua**

**Los *cucur udang* se venden a pie de calle por toda Malasia y los conductores se detienen para comprarlos sobre la marcha. De niña, Helen no podía resistir la tentación y suplicaba a sus padres que pararan en cada puesto por el que pasaban. No es de extrañar, porque son un tentempié delicioso a cualquier hora. Tradicionalmente se fríen con un cucharón, pero nosotros usamos una cuchara de servir de acero inoxidable con el mango largo, detalle importante porque, de lo contrario, la cuchara se calienta demasiado para manipularla.**

**Para 4 personas**

Mezcla todos los ingredientes de la masa en un bol mediano junto con media cucharadita de sal y una pizca de pimienta negra. Tapa el bol con un plato y reserva durante una hora (pero no mucho más, o fermentará demasiado).

Mientras, mezcla todos los ingredientes de la salsa picante en un vaso batidor junto con una cucharadita de sal. Tritura hasta lograr una salsa fluida, pásala a un bol pequeño y reserva.

Cuando vayas a freír los buñuelos, vierte suficiente aceite en una cazuela grande para que cubra 4 cm. Calienta a fuego moderado e introduce en el aceite una cuchara de servir de acero inoxidable con el mango largo, para que se caliente. Con delicadeza, incorpora los langostinos picados a la masa. Cuando el aceite esté listo (compruébalo sumergiendo un palillo, o bien el extremo de una cuchara de palo: si se forman burbujitas alrededor de la punta, es que está a punto), saca la cuchara del aceite y, usando otra cuchara, coge unos 30 g de masa y deposítala en la cuchara caliente. Coloca un langostino entero en el centro de la masa, presionando un poco, y sumérgela en el aceite caliente. Fríe durante un minuto, hasta que la masa se separe de la cuchara. Fríe durante 2-2 ½ minutos más, dando la vuelta al buñuelo durante los últimos 30 segundos, para que se dore bien. Repite con el resto de la masa, friendo 3 buñuelos por tanda, hasta obtener 12 en total. Pon los buñuelos a escurrir en una bandeja cubierta con papel de cocina.

Apila los buñuelos sobre una fuente, espolvorea con la cebolleta reservada y sirve con la salsa picante aparte.

# *Sando* de pollo especiado con mayonesa de *harissa*

**400 g de yogur natural (o suero de mantequilla)**
**2 cda de *baharat***
**1 cdta de canela molida**
**½ cdta de azúcar extrafino**
**4 pechugas de pollo pequeñas** (de unos 125 g cada una)
**175 g de repollo**, cortado en juliana fina
**1 cebolleta**, cortada en juliana fina (50 g)
**125 g de *panko***
**aceite vegetal**, para freír
**8 rebanadas gruesas de pan de molde blanco** (o panecillos tipo brioche)
**sal**

*Mayonesa* de harissa
**2 cdas de *harissa* de rosas**
**125 g de mayonesa**
**2 cdtas de zumo de lima**

Se diría que todo el mundo conoce a alguien que hace los mejores sándwiches de pollo frito de su ciudad. Si nosotros tuviéramos que apostar por una receta, ésta sería la ganadora: una versión norteafricana del *katsu sando*, el popular sándwich japonés en el que dos rebanadas de pan de molde tierno y blanquísimo sostienen la imbatible combinación de carne de cerdo o pollo frita, salsa *tonkatsu* y mayonesa Kewpie.

*Adelántate:* el pollo debe dejarse en adobo entre 4 y 24 horas antes de freírlo.

*Nota sobre los ingredientes:* aquí sólo nos vale el pan de molde blanco y extratierno. Lectores ottolenghianos: ¡nada de pan rústico o casero!

**Salen 4 sándwiches**

En un bol grande, mezcla el yogur, el *baharat*, la canela, el azúcar y una cucharadita de sal. Remueve y reserva.

Trabajando de una en una, dispón las pechugas de pollo sobre una tabla de cortar y, con un rodillo de cocina, aplánalas para darles un grosor uniforme. Añádelas al bol del yogur especiado y recúbrelas con delicadeza. Tapa y refrigera durante al menos 4 horas (o hasta el día siguiente).

En un bol pequeño, mezcla todos los ingredientes de la mayonesa de *harissa* y refrigera.

En un bol aparte, mezcla el repollo y la cebolleta.

Esparce el *panko* en una bandeja pequeña. Cubre otra bandeja con papel vegetal y reserva. Trabajando de una en una, saca las pechugas de pollo del yogur (desecha el sobrante) y disponlas sobre el *panko*. Dales la vuelta para rebozarlas por ambos lados. Pásalas a la bandeja con papel vegetal y repite con las demás pechugas.

Vierte suficiente aceite en una sartén grande para cubrir 2 cm y calienta a fuego moderado. Cuando esté bien caliente, sumerge dos pechugas rebozadas con cuidado en la sartén y fríelas durante 4 minutos por cada lado, hasta que estén bien doradas. Pásalas a una fuente cubierta con papel de cocina, espolvorea con sal y reserva mientras repites con las demás pechugas.

Para montar los sándwiches, unta generosamente un lado de cada rebanada de pan con mayonesa de *harissa*. Dispón una pechuga rebozada encima y esparce sobre ésta un buen puñado de la mezcla de repollo y cebolleta. Cubre con la segunda rebanada de pan, corta los sándwiches en dos, retirando la corteza, y sirve.

# Pastelitos de salmón con *remoulade* de *chermoula*

**1 boniato grande** (280 g)
**2 patatas Monalisa o Kennebec (u otra variedad harinosa)** (280 g)
**1 cdta de aceite de oliva**
**500 g de filetes de salmón sin espinas**, cortados en trozos de unos 4 cm
**1 cebolleta**, cortada en juliana fina (45 g)
**15 g de cebollino**, picado fino
**1 cdta de ralladura fina de lima**
**3 cdas de *chermoula* comprada hecha**
**30 g de *panko***
**1 huevo**
**120 ml de aceite de girasol**, para freír
**1 lima**, cortada en cuñas, para servir
**sal y pimienta negra**

Remoulade
**1 ½ cda de *chermoula* comprada hecha**
**75 g de mayonesa**
**25 g de yogur tipo griego**
**30 g de pepinillos en vinagre**, picados finos
**5 g de cebollino**, picado fino

Los pastelitos de pescado suelen pecar de exceso de uno de sus ingredientes básicos: el pescado o la patata. Con esta receta hemos intentado alcanzar la proporción ideal. Como casi todos los fritos con patata, son una apuesta segura para las cenas familiares, acompañados de una sencilla ensalada, o bien embutidos en un panecillo tipo brioche o una baguette para almorzar.

*Sugerencia de presentación:* estos pastelitos también funcionan como canapés (servidos sobre una hoja de cogollo de lechuga con un poco de *remoulade*) o como entrante ligero: simplemente moldea bolitas más pequeñas y reduce el tiempo de fritura a 3-4 minutos.

*Adelántate:* la masa de los pastelitos puede dejarse hecha la víspera. La *remoulade* se conserva hasta 2 días en la nevera.

**Para 4 personas**

Precalienta el horno a 180 °C con ventilador.

Pincha el boniato y la patata con un tenedor y frótalos con aceite. Acomódalos en una bandeja de horno y ásalos durante 1 hora y 20 minutos, hasta que estén tiernos. Córtalos por la mitad y reserva para que se enfríen.

Prepara la *remoulade* mezclando todos los ingredientes en un bol pequeño. Reserva en la nevera.

Pon los trozos de salmón en un robot de cocina y pulsa 2-3 veces para picarlos muy gruesos. Pasa a un bol grande y reserva. Con una cuchara, saca la carne de las patatas y el boniato y añádela al bol del salmón junto con la cebolleta, el cebollino, la ralladura de lima, la *chermoula*, el *panko* y el huevo ligeramente batido. Salpimienta y amasa delicadamente con las manos para integrar todos los ingredientes. Moldea 12 bolas de unos 85 g de peso y 2 cm de grosor y aplánalas ligeramente.

En una sartén grande de unos 28 cm de diámetro, calienta el aceite de girasol a fuego alegre y fríe la mitad de los pastelitos durante unos 7 minutos, dándoles la vuelta a mitad de la fritura, hasta que se doren. Pásalos a una fuente con papel de cocina y repite con el resto de la masa. Sírvelos calientes, con la *remoulade* y las cuñas de lima aparte.

# Albóndigas con *nuoc cham*, pepino y menta

*Albóndigas*

**2 dientes de ajo,** prensados
**1 chalota**, picada fina (50 g)
**30 g de cilantro**: pica los tallos finos y reserva las hojas para servir
**10 g de hojas de menta**, picadas finas, y un poco más para servir
**1 ½ cdas de salsa de pescado**
**1 cda de azúcar extrafino**
**100 g de arroz hervido**
**500 g de carne picada de cerdo**
**75 ml de aceite vegetal**, para freír
**sal y pimienta blanca molida**

Nuoc cham

**2 dientes de ajo**, picados gruesos
**1 chile ojo de pájaro rojo pequeño**, cortado en juliana gruesa
**1 guindilla roja grande, poco picante**, cortada en juliana gruesa
**¼ cdta de sal marina en escamas**
**2 cdas de azúcar de palma picado grueso (o azúcar extrafino)**
**2 cdas de zumo de lima**
**60 ml de salsa de pescado**
**60 ml de vinagre de arroz**

*Para servir*

**1 lechuga iceberg pequeña**: separa las hojas
**½ pepino**, cortado en rodajas finas (150 g)

En Vietnam y Tailandia circulan distintas versiones de estas albóndigas, por lo general ensartadas en brochetas y asadas a la parrilla. Son deliciosas, pero nuestras albóndigas salteadas permiten prescindir de las brochetas y el fuego. Además, se comen con las manos en cuenquitos de lechuga, algo que nos chifla.

*Dale una vuelta de tuerca:* prueba a servir estas albóndigas como entrante para que cada comensal se sirva a voluntad. También quedarían de rechupete con unos fideos de arroz previamente hervidos, mezcladas con la ensalada y las hierbas aromáticas y aderezadas con la salsa *nuoc cham*.

**Para 4 personas**

En un bol mediano, mezcla los primeros seis ingredientes, ¼ de cucharadita de sal y ¾ de cucharadita de pimienta blanca molida. Remueve hasta que el azúcar se disuelva y luego añade el arroz y la carne. Mezcla bien y moldea bolitas de unos 30 g (te saldrán unas 24). Aplánalas ligeramente y disponlas sobre una bandeja de horno. Refrigera hasta que vayas a freírlas.

Prepara el *nuoc cham*. En un mortero, maja el ajo, las guindillas y la sal en escamas hasta lograr una pasta húmeda (las guindillas no se desharán del todo). Añade los demás ingredientes y pasa la salsa a un frasco con tapa de rosca. Agita vigorosamente y refrigera hasta que vayas a servir. Si no tienes mortero, mezcla todos los ingredientes en un robot de cocina y tritura hasta lograr la consistencia deseada.

Cuando vayas a servir, prepara la fuente de la ensalada apilando las hojas de lechuga a un lado y esparciendo las rodajas de pepino y las hierbas aromáticas alrededor. Reparte el *nuoc cham* en boles pequeños, de modo que cada comensal tenga su propia salsa para mojar.

Calienta la mitad del aceite en una sartén grande a fuego alegre. Fríe la mitad de las albóndigas durante 4-5 minutos, dándoles la vuelta a media cocción, hasta que estén hechas por dentro. Añade el resto del aceite a la sartén y repite con la segunda tanda. Pasa las albóndigas a la fuente de la ensalada y sírvelas tibias o a temperatura ambiente.

# Verduras y hortalizas

# Caponata con apio y burrata

**3 berenjenas**, peladas a tiras alternas y cortadas en dados de unos 2 ½ cm (800 g)
**135 ml de aceite de oliva**
**4-5 ramas de apio** (225 g): 180 g cortadas en dados de 1 ½ cm y el resto en rodajas finas al bies (reserva la hoja)
**1 cebolla grande**, cortada en dados de 2 ½ cm (200 g)
**2 dientes de ajo,** prensados
**¾ de cdta de orégano seco**
**⅛ de cdta de guindilla en copos**
**1 lata de 400 g de pulpa de tomate**
**1 cda de concentrado de tomate**
**1 cda de miel fluida**
**120 g de aceitunas de Kalamata deshuesadas**
**50 g de alcaparras pequeñas**
**45 ml de vinagre de vino tinto**
**15 g de hojas de albahaca**
**300 g de burrata**
**sal y pimienta negra**

**La caponata es el plato siciliano por antonomasia: una fritada de berenjena y otras verduras unidas en una especie de pisto agridulce con alcaparras, aceitunas, apio, a veces pasas, abundante aceite de oliva y salsa de tomate. Suena como una de esas recetas que aprendemos de alguien que conoce a alguien que conoce a una abuela siciliana que hace la mejor caponata del mundo. Cada cual se mantiene fiel a su propia versión —que puede incorporar piñones, pasas, canela o distintas hierbas aromáticas— y nosotros no somos una excepción. Nuestra caponata es menos dulce de lo habitual, y preferimos asar la berenjena en vez de freírla. Hace muy buenas migas con la burrata, pero también quedaría genial con unos huevos pasados por agua, troceados y esparcidos sobre la caponata justo antes de servirla con un pan rústico o unas tostadas.** ***Fotografía en la página 88.***

***Adelántate:*** **la caponata puede prepararse con tres días de antelación. Refrigera y deja que se atempere antes de servir.**

**Para 6 personas, como entrante**

Precalienta el horno a 220 °C con ventilador.

Sazona los dados de berenjena con 2 cucharadas de aceite, una cucharadita de sal y una buena pizca de pimienta y espárcelos sobre una bandeja de horno cubierta con papel vegetal. Hornea durante cerca de 30 minutos, retira y reserva.

En una cazuela mediana con tapa, calienta a fuego moderado 75 ml de aceite y sofríe el apio y la cebolla a dados durante 10 minutos, removiendo de vez en cuando, hasta que estén tiernos pero sin que lleguen a dorarse. Añade el ajo, el orégano, la guindilla en copos, ¾ de cucharadita de sal y una buena pizca de pimienta, y rehoga durante 2-3 minutos más, removiendo con frecuencia. Incorpora la pulpa y el concentrado de tomate, así como la miel. Lleva a ebullición y deja hervir a fuego alegre durante cerca de diez minutos, con la cazuela semitapada, removiendo de vez en cuando. Añade las aceitunas, las alcaparras, el vinagre y la berenjena asada y deja que se haga a fuego lento, semitapado, durante unos 20 minutos, removiendo de vez en cuando, hasta que las verduras estén tiernas y la salsa haya espesado y recubra las verduras. Aparta del fuego, incorpora la albahaca y deja que se atempere.

Cuando vayas a servir, vierte la caponata en un bol de servir poco profundo. Trocea la burrata y reparte los trozos por encima. Mezcla el apio cortado a rodajas con las 2 cucharadas restantes de aceite y espárcelo por encima, seguido de las hojas de apio y una pizca de pimienta. Sirve a temperatura ambiente.

# Crema César de berenjena

**2 berenjenas**, pinchadas con un tenedor (unos 515 g)
**1/2 cebolleta** (30 g)
**150 g de pimientos de Padrón**
**80 ml de aceite de oliva**
**6 dientes de ajo**, cortados en láminas finas
**6 anchoas**
**1 limón**: 3 tiras de peladura fina y 1 ½ cdtas de zumo
**75 g de yogur natural**
**2 cdtas de mostaza inglesa en polvo**
**40 g de parmesano**, rallado fino
**sal y pimienta negra**

*Picatostes con mostaza y sirope de arce*
**3 rebanadas gruesas de pan rústico**, sin la corteza y desmenuzadas en trozos de unos 4 cm (140 g)
**2 ½ cdas de aceite de oliva**
**2 cdtas de mostaza inglesa**
**2 cdtas de sirope de arce**
**1 cda de semillas de sésamo**

*Para servir*
**100 g de rabanitos**
**2 cogollos de lechuga**: desecha las hojas externas y corta cada cogollo en cuartos a lo largo
**1 achicoria pequeña**, deshojada

**El punto de partida de esta receta es la crema de berenjena que Yotam e Ixta Belfrage incluyeron en el libro *Sabores*. El toque de la mostaza de Dijon y el zumo de limón siempre nos recuerda a una ensalada César. En este caso, hemos añadido anchoas y parmesano para acercarla un poquito más al clásico.** ***Fotografía en la página 89.***

***Adelántate:* la crema de berenjena se conserva refrigerada durante 3 días. Tara siempre la tiene en la nevera, lista para alegrar las comidas. ¡Ninguna ensalada de pollo estará completa sin ese toque especial!**

**Para 4 personas**

Pon una plancha de hierro fundido al fuego hasta que esté muy caliente y marca las berenjenas durante unos 45 minutos, dándoles la vuelta para que se chamusquen por toda la superficie y queden tiernas por dentro. Pasa a un colador y reserva. Marca la cebolleta en la plancha durante un par de minutos, hasta que se chamusque aquí y allá. Pícala gruesa y reserva. En un bol pequeño, sazona los pimientos de Padrón con una cucharadita de aceite, un pellizco de sal y una buena pizca de pimienta. Márcalos en la plancha durante 3-4 minutos, hasta que se chamusquen y se les levante la piel aquí y allá. Reserva.

Cuando las berenjenas estén frías, pélalas (desecha la piel) y ponlas a escurrir durante unos 20 minutos (deberías tener unos 130 g). Reserva.

Mientras, en una sartén pequeña, calienta a fuego moderado 75 ml de aceite, el ajo, las anchoas y las peladuras de limón. Cuando arranque el hervor, baja el fuego y deja que el aceite se infusione durante cerca de 12 minutos, hasta que el ajo y el limón estén tiernos, pero sin que lleguen a dorarse. Aparta del fuego para que se atempere.

Precalienta el horno a 160 °C con ventilador.

Acomoda los trozos de pan en una bandeja de horno cubierta con papel vegetal. Bate el aceite, la mostaza y el sirope de arce y vierte sobre el pan rústico. Espolvorea con las semillas de sésamo, salpimienta y mezcla bien. Hornea durante unos 25 minutos, removiendo un par de veces, hasta que el pan esté dorado y crujiente. Reserva.

Pon la berenjena escurrida en un robot de cocina junto con la cebolleta, el yogur, la mostaza, 25 g de parmesano, el zumo de limón, media cucharadita de sal y una buena pizca de pimienta. Añade el aceite infusionado (incluidas las peladuras de limón) y tritura hasta lograr una textura homogénea. Pasa la crema a un bol y refrigera hasta servir.

Dispón los picatostes, los pimientos de Padrón, los rabanitos y los cogollos sobre una fuente grande y sirve con la crema de berenjena aparte. Puedes servir el parmesano sobrante en un bol aparte, para crear una doble capa «nevada» sobre la crema o para que cada comensal espolvoree las verduras a su gusto.

# Ensalada sedosa de salmón y calabacín

**30 g de piñones**

*Chalotas semiencurtidas*
**2 chalotas**, cortadas en juliana fina (80 g)
**80 ml de zumo de limón**
**1 cdta de sal**

*Calabacines*
**6 calabacines grandes**, rallados gruesos (cerca de 1 kg)
**60 ml de aceite de oliva**
**sal y pimienta negra**

*Salmón*
**4 lomos de salmón de unos 130 g cada uno**, con piel
**1 ½ cdas de aceite de oliva**
**80 g de hojas de rúcula**

Este plato es más que la suma de sus partes. La forma de cocinar los calabacines —bien sazonados y cocinados a fuego lento con abundante aceite de oliva— los convierte en un manjar suculento y sedoso. El resultado vale tanto para un almuerzo de verano al aire libre como para cualquier comida entre semana.

*Adelántate:* tanto el salmón como los calabacines pueden dejarse hechos unas horas antes, listos para montar la ensalada justo antes de servirla. Los calabacines aguantan un par de días en la nevera, así que haz de sobra. Su color se apagará un poco, pero no perderán ni pizca de sabor.

**Para 4 personas**

Precalienta el horno a 160 °C con ventilador.

Esparce los piñones en una bandeja refractaria y hornea 10-12 minutos, hasta que estén ligeramente tostados. Retira del horno y reserva.

En un bol o vaso alto, mezcla las chalotas con el zumo de limón y la sal. Remueve para que se impregnen y la sal se disuelva, y reserva.

En un bol grande, mezcla los calabacines con dos cucharaditas de sal. Te parecerá mucho, pero buena parte de la sal se perderá con el líquido. Dispón los calabacines en un colador apoyado sobre un bol (o en el fregadero) para recoger los jugos. Deja reposar durante 30 minutos y luego exprime con firmeza para eliminar el exceso de líquido (deberían salir unos 200 ml, que puedes desechar).

En una cacerola mediana, calienta el aceite a fuego moderado y saltea el calabacín escurrido durante unos 5 minutos. Baja el fuego y deja que se haga 15 minutos más, removiendo de vez en cuando y añadiendo una buena pizca de pimienta en los últimos 5 minutos, hasta lograr una pasta fluida y sedosa.

Sube la temperatura del horno a 180 °C con ventilador.

Dispón los lomos de salmón, con la piel hacia abajo, sobre una bandeja cubierta con papel vegetal. Riega con el aceite y sazona con media cucharadita de sal (en total) y una buena pizca de pimienta. Hornea unos 8 minutos, hasta que el salmón esté apenas hecho (o un par de minutos más, si lo prefieres), y retira del horno. Deja que se atempere durante unos 15 minutos, para poder servirlo a temperatura ambiente.

Esparce la rúcula sobre una fuente de servir grande. Vierte cerca de tres cuartas partes del calabacín por encima y luego el salmón, desmenuzándolo con los dedos. Vierte el resto del calabacín alrededor del salmón y reparte la chalota semiencurtida sobre la ensalada. Espolvorea con los piñones tostados y sirve.

# Fideos de arroz con pescado a la cúrcuma, eneldo y cebolleta

**600 g de lomos de bacalao (u otro pescado blanco de carne firme)**, cortados en bastones de 5 cm
**2 cdas de aceite de cacahuete (o girasol)**
**200 g de fideos de arroz**
**2-3 cebolletas**: corta el bulbo y tallo en segmentos de 5 cm (si los bulbos son muy gruesos, córtalos a lo largo) (125 g)
**50 g de ramitas de eneldo**: retira los tallos más duros, pero resérvalos
**2 chiles ojo de pájaro**, cortados en juliana fina
**40 g de cacahuetes tostados salados**, picados gruesos
**sal**

*Adobo*
**1 chalota**, picada gruesa (45 g)
**20 g de jengibre**, pelado y picado grueso
**2 dientes de ajo**, picados gruesos
**1 cda de salsa de pescado**
**1 cda de aceite de cacahuete (o girasol)**
**1 cdta de cúrcuma molida**
**1 cdta de curri en polvo poco picante o picante**

Nuoc cham
**2 dientes de ajo, picados gruesos**
**1 chile ojo de pájaro rojo pequeño,** cortado en juliana gruesa
**1 guindilla roja poco picante grande**, cortada en juliana gruesa
**¼ de cdta de sal marina en escamas**
**2 cdas de azúcar de palma picado grueso (o azúcar extrafino)**
**2 cdas de zumo de lima**
**60 ml de salsa de pescado**
**60 ml de vinagre de arroz**

Pocas recetas son tan socorridas como ésta: si dejas el adobo y la salsa hechos de antemano, se prepara en un visto y no visto. Los fideos son poco menos que instantáneos y, en lo que picas y salteas la cebolleta y el eneldo, el pescado se habrá hecho. Todo un manjar listo en 15 minutos. *Fotografías en las páginas 94-96.*

*Adelántate:* puedes preparar el adobo 3 días antes y guardarlo refrigerado, pero no lo uses más de una hora antes de asar el pescado, o se reblandecerá.

**Para 4 personas**

Mezcla todos los ingredientes del adobo en un robot de cocina. Tritura hasta lograr una pasta homogénea y pásala a un bol mediano. Añade el pescado, remueve con delicadeza y refrigera tapado durante unos 30 minutos (pero no mucho más).

Mientras, prepara el *nuoc cham*. En un mortero, maja el ajo, las guindillas y la sal en escamas hasta obtener una pasta húmeda (las guindillas no se desharán del todo). Añade los demás ingredientes y pasa la mezcla a un frasco con tapa de rosca. Agita vigorosamente y refrigera hasta el momento de servir. Si no tienes mortero, tritura los ingredientes en un robot de cocina.

Cuando vayas a servir, precalienta el grill del horno a la máxima potencia y coloca una rejilla en el tercio superior del horno. Cubre una bandeja de horno grande con papel de aluminio y úntalo ligeramente con una cucharada de aceite. Esparce los bastones de pescado en la bandeja y hornea durante 8 minutos, dándoles la vuelta con cuidado a media cocción para que se dore por ambos lados. Apaga el horno y desplaza la bandeja a la parte inferior del horno para mantener el pescado caliente (deja la puerta del horno abierta).

Mientras el pescado se hace, sumerges los fideos en un bol grande con agua hirviendo. Cuando se hayan reblandecido (3-5 minutos, según la marca), escúrrelos en un colador y reserva.

En una sartén grande (o wok), calienta la cucharada restante de aceite a fuego alegre y saltea la cebolleta con ⅛ de cucharadita de sal durante un minuto. Añade las ramitas de eneldo y saltea otros 30 segundos, hasta que pierdan un poco de volumen y adquieran una tonalidad más intensa. Aparta la sartén del fuego y deja las verduras dentro.

Cuando vayas a servir, reparte los fideos de arroz entre cuatro boles. Esparce el pescado por encima, seguido de la cebolleta y el eneldo. Vierte 2-3 cucharadas de *nuoc cham* por encima y espolvorea con la guindilla y los cacahuetes. Sirve tibio o a temperatura ambiente, con el resto del *nuoc cham* en un bol aparte.

# Berenjena sedosa al vapor

**1 berenjena grande**, pelada (unos 360 g)
**1 cda de vinagre negro o Chinkiang**
**2 cdas de vino de arroz *shaoxing***
**1 cda de azúcar de caña rubio**
**1 cda de salsa de soja clara**
**4 cdtas de aceite de sésamo**
**2 cdas de aceite de cacahuete (o girasol)**
**1 cebolleta pequeña**, cortada en juliana fina (30 g)
**10 g de jengibre**, pelado y cortado en juliana
**1 guindilla roja**, cortada en juliana fina (sin semillas, si quieres rebajar el picante)
**2 dientes de ajo**, cortados en láminas finas
**1 cdta de semillas de sésamo tostadas**
**5 g de hojas de cilantro**
**1-2 cdas de tahina**
**sal**

Para quienes están acostumbrados a cocinar las berenjenas al estilo Ottolenghi, ya sea en un horno a toda potencia con abundante aceite de oliva o directamente sobre las llamas para darles un toque ahumado, hacerlas al vapor será toda una revelación. Para empezar, no le echamos ni pizca de aceite, y además la sometemos a un baño de vapor de 25 minutos cuyo resultado es una textura increíblemente tierna y sedosa. Eso sí, no nos resistimos a añadir un poco de tahina al final, porque su cremosidad le va que ni pintada. Como comida vegana, es un plato completo, servido tibio con arroz jazmín, pero también podría formar parte de un menú de tapas. *Fotografías en las páginas siguientes.*

*Dale una vuelta de tuerca:* este aliño de soja también quedaría fenomenal sobre un bloque de tofu frío.

**Para 2 personas, o para 4 como guarnición**

Corta la berenjena a lo largo en lonchas de 1 ½ cm y luego en tiras de 1 ½ cm de grosor. Ponla en un colador (apoyado sobre un bol o en el fregadero), espolvorea con dos cucharaditas de sal y deja escurrir. Al cabo de 10 minutos, pásala por agua para eliminar la sal, escurre bien y extiende sobre un paño de cocina limpio para que se seque.

Acomoda la berenjena en una vaporera de acero inoxidable y hierve al vapor durante 25 minutos, hasta que, al insertar un cuchillo en la pulpa, la atraviese sin hallar resistencia alguna.

Mientras, mezcla en un cazo el vinagre, el vino de arroz *shaoxing*, el azúcar, la salsa de soja y una cucharadita de aceite de sésamo. Remueve, lleva a ebullición y mantén un hervor suave durante un par de minutos, hasta que tenga una consistencia ligeramente almibarada. Aparta del fuego y reserva. Cuando las berenjenas estén hechas, riega con este almíbar mientras siguen calientes y reserva.

Limpia el cazo con papel de cocina (no hace falta lavarlo) y úsalo para calentar a fuego moderado el aceite de cacahuete y la cucharada restante de aceite de sésamo. Cuando esté caliente, añade la cebolleta, el jengibre, la guindilla y el ajo. Rehoga durante 3 minutos, hasta que se ablanden un poco y liberen su aroma. Vierte enseguida sobre las berenjenas y espolvorea con las semillas de sésamo y el cilantro. Para acabar, riega con un chorrito de tahina.

# Esparragado cremoso de espinacas y alcachofas

**3 guindillas rojas**: 2 cortadas en juliana fina (con las semillas), 1 sin semillas y picada fina
**2 cdas de zumo de limón**
**100 ml de aceite de oliva**
**1 cebolla grande**, cortada en juliana fina (220 g)
**3 dientes de ajo,** prensados
**25 g de cilantro**: pica los tallos finos y las hojas gruesas
**100 g de alcachofas en aceite de oliva,** escurridas y picadas gruesas
**400 g de espinacas en hojas congeladas**, descongeladas, escurridas y picadas gruesas (220 g)
**3 cdas de alcaparras**, picadas gruesas
**1-2 cebolletas**, cortadas en juliana fina (65 g), y un poco más para servir
**600 g de tofu blando**, escurrido
**3 ½ cdas de copos de levadura nutricional**
**1 rebanada de pan rústico**, sin la corteza y troceada (40 g)
**sal y pimienta negra**
**cuñas de limón**, para servir

Los veganos se llevan las manos a la cabeza cada vez que alguien se sorprende de que un plato vegano no lo parezca, pero ¡en este caso no es para menos! Prepáralo para tus amigos veganos y para los no veganos y comprueba lo bien que casan el tofu blando y los copos de levadura nutricional. Juntos, aportan a este plato una cremosidad láctea y una profundidad de sabor que conquistará a devotos y escépticos por igual. Como guarnición es sumamente versátil, y quedaría igual de bien con un arroz y un tofu firme o con un pollo asado.

*Nota sobre los ingredientes:* hemos usado espinacas congeladas, pero también puedes empezar con hojas frescas. Para conseguir los 220 g necesarios, tendrás que partir de unos 600 g.

**Para 6 personas, como guarnición**

En un bol pequeño, mezcla la guindilla en juliana y el zumo de limón, sazona con $\frac{1}{8}$ de cucharadita de sal y reserva.

En una cazuela grande refractaria, calienta a fuego moderado 60 ml de aceite y rehoga la cebolla, removiendo a menudo, durante 15-18 minutos, hasta que esté tierna y caramelizada. Añade la guindilla picada, el ajo y los tallos de cilantro y rehoga durante 2 minutos más. Incorpora las alcachofas, las espinacas, las alcaparras y las cebolletas, junto con media cucharadita de sal y una buena pizca de pimienta. Remueve, calienta durante un minuto y aparta del fuego.

Precalienta el grill del horno a 230 °C (o a la máxima potencia).

Mezcla el tofu en un robot de cocina con 3 cucharadas de levadura en copos, media cucharadita de sal y una buena pizca de pimienta. Tritura hasta lograr una textura homogénea y, con el motor en marcha, vierte despacio 2 cucharadas de aceite de oliva hasta obtener una crema de aspecto satinado.

Añade la crema anterior a las espinacas y mezcla bien. Alisa la superficie y limpia los bordes de la cazuela.

En un bol pequeño, mezcla los trozos de pan con la media cucharada restante de copos de levadura y los 10 ml restantes de aceite de oliva. Espolvorea las espinacas de manera uniforme y gratínalas durante unos 6 minutos, hasta que estén ligeramente tostadas. Esparce por encima la cebolleta reservada, las hojas de cilantro y la guindilla encurtida (previamente escurrida). Sirve el esparragado caliente o tibio, con unos gajos de limón aparte.

# Ragú de setas polivalente

**15 g de *funghi porcini* secos**
**250 ml de agua hirviendo**
**850 g de setas frescas mezcladas:** deja las pequeñas enteras y trocea las grandes en dos
**50 g de mantequilla sin sal**
**2 cdas de aceite de oliva**
**2 cebollas**, cortadas en juliana fina (320 g)
**½ apionabo grande**, pelado y cortado en trozos de 2 cm (360 g)
**4 dientes de ajo,** prensados
**1 ¼ cdtas de guindilla de Urfa en copos (o ½ cdta de guindilla común)**
**1 ½ cdas de miso blanco**
**1 limón en conserva**, cortado en cuartos: desecha la pulpa y las semillas y corta la piel en tiras delgadas (15 g)
**1 ½ cdas de vinagre de jerez (o de vino tinto)**
**1 ½ cdas de harina de trigo**
**400 ml de caldo de pollo (o vegetal)**
**30 ml de nata para montar**
**10 g de estragón**: pica las hojas gruesas (10 g), y reserva unas pocas para servir
**sal**

Tener un ragú hecho de antemano es como tener un arma secreta en la cocina. Saber que está ahí, en la nevera o el congelador, significa que en cuestión de minutos puedes sacarte de la manga una comida saciante y deliciosa: úsalo como salsa para pasta, para rellenar un pastel de patata vegano, sobre una base de polenta o arroz, o sin más, acompañada de una refrescante ensalada verde.

*Adelántate:* el ragú se conserva hasta 3 días en la nevera.

**Para 4 personas**

Precalienta el horno a 180 °C con ventilador.

Pon las setas secas en un bol y vierte por encima el agua hirviendo. Deja en remojo durante 30 minutos y cuela (reserva el líquido para más tarde). Pica las setas gruesas y reserva.

Mientras, esparce las setas frescas en una bandeja de horno grande cubierta con papel vegetal (tal como están: no hace falta sazonarlas ni regarlas con aceite) y hornea durante 25 minutos, removiéndolas a media cocción, hasta que hayan perdido buena parte de su volumen y humedad. Retira del horno y reserva.

En una cazuela grande con tapa, calienta la mantequilla a fuego alegre y rehoga las cebollas, el apionabo y media cucharadita de sal durante 15-20 minutos, removiendo a menudo, hasta que se caramelicen. Añade el ajo, las setas asadas y las frescas y rehoga durante 3 minutos más, removiendo. Añade la guindilla en copos, el miso, el limón en conserva y el vinagre y prolonga la cocción unos 30 segundos. Incorpora la harina y deja que se haga durante otros 30 segundos antes de añadir el caldo, el líquido de remojar las setas y ¾ de cucharadita de sal. Lleva a ebullición, baja el fuego y deja hervir durante 25 minutos, con la cazuela tapada, hasta que el apionabo esté tierno, pero sin que se deshaga. Destapa, incorpora la nata y deja que reduzca durante 5 minutos más.

Aparta la cazuela del fuego, incorpora el estragón, espolvorea con sus hojas reservadas y sirve.

# Alubias blancas con tomates cherry asados

**500 g de tomates cherry**
**85 ml de aceite de oliva**
**1 cebolla**, cortada en brunoise fina (150 g)
**2 dientes de ajo**, cortados en láminas finas
**2 cdtas de orégano seco**
**2 cdtas de hojas de tomillo**, picadas gruesas, y un poco más para servir
**1 cdta de semillas de hinojo**, tostadas y ligeramente majadas
**1 hoja de laurel fresco**
**80 ml de vino blanco seco**
**2 cdtas de pimentón dulce ahumado**
**1 bote de 700 g de judiones (o alubias blancas)**, escurridos y pasados por agua
**sal y pimienta negra**

*Para servir*
**75 g de yogur tipo griego**
**rebanadas gruesas de pan rústico (o cualquier pan con corteza)**, tostadas (opcional)

Si puedes, emplea judiones para preparar esta receta. Son más tiernos, mantecosos e infinitamente más cremosos que las alubias blancas comunes. Este plato quedaría muy bien en un menú de tapas, pero también se puede servir tal cual, con feta desmenuzado o unas aceitunas por encima.

*Notas de conservación*: las alubias se conservan 3 días en la nevera (deja que se atemperen antes de servirlas). Las pieles de tomate crujientes también son un aderezo fantástico para alegrar ensaladas y platos de pasta. La receta es de un restaurante de Canberra, el Bar Rochford, donde las sirven con judías verdes. Se conservan hasta una semana en un tarro herméticamente cerrado.

**Para 4 personas**

Precalienta el horno a 210 °C con ventilador.

Sazona los tomates con 2 cucharadas de aceite y espárcelos sobre una bandeja de horno cubierta con papel vegetal. Hornea unos 20 minutos, hasta que la piel de los tomates se ablande y la pulpa esté tierna y un poco menguada. Retira del horno y pasa los tomates con sus jugos a un bol poco profundo para que se atemperen.

Cubre la bandeja de horno con una hoja de papel vegetal limpia y baja la temperatura del horno a 100 °C con ventilador.

Cuando estén lo bastante fríos para manipularlos, pellizca la piel de los tomates para liberarlos de la pulpa y espárcelas sobre la bandeja con papel vegetal. Hornea durante unos 45 minutos, hasta que las pieles estén secas y crujientes, removiéndolas un par de veces durante la cocción. Reserva la pulpa de tomate.

En una cacerola mediana, calienta a fuego moderado los 75 ml restantes de aceite y sofríe la cebolla, el ajo, el orégano, el tomillo, las semillas de hinojo y la hoja de laurel durante 10-12 minutos, hasta que la cebolla esté tierna, pero sin que se dore demasiado. Añade el vino, deja reducir durante 2 minutos y espolvorea con el pimentón. Deja que se haga durante un minuto más antes de añadir la pulpa de tomate reservada y una cucharadita de sal. Hierve a fuego lento unos 15 minutos, removiendo a menudo para deshacer los tomates. Añade las alubias, una buena pizca de pimienta y remueve. Deja que se hagan durante un par de minutos y aparta del fuego. Esparce el yogur en una fuente de servir y apila las alubias por encima. Espolvorea con las pieles de tomate crujientes y las hojas de tomillo y sirve.

# Tostada de judías verdes sobre untable de queso

**100 ml de aceite de oliva**
**2 chalotas pequeñas**, cortadas en juliana fina (75 g)
**4 dientes de ajo**, cortados en láminas finas
**300 g de judías verdes finas**, despuntadas
**300 g de judías verdes peronas**, despuntadas y cortadas al bies en segmentos de 2 cm
**100 g de tomates cherry**, cortados por la mitad
**1 ½ cdtas de orégano seco**
**½ cdta de chiles chipotle secos**
**1 ½ cdas de zumo de limón**
**1 ½ cdas de orégano fresco**, picado grueso, y un poco más para servir
**10 g de hojas de albahaca, troceadas a mano**, y un poco más para servir
**100 g de feta**, desmenuzado a mano
**100 g de mascarpone**
**4 rebanadas gruesas de pan rústico**, tostado (200-225 g)
**sal y pimienta negra**

Cocinar las judías verdes de este modo, en abundante aceite de oliva y durante un buen rato, las vuelve supertiernas e increíblemente reconfortantes. Así las preparan en Turquía, donde se sirven tibias o a temperatura ambiente como parte de un menú de tapas. Verena siempre tiene un frasco a mano (se conservan hasta 3 días en la nevera) y Claudine, que se encarga de probar nuestras recetas en casa, asegura que nunca volverá a cocinar las judías verdes de otra manera.

**Para 4 personas**

En una cazuela grande con tapa, calienta el aceite a fuego moderado y sofríe las chalotas, el ajo, las judías verdes, el tomate, el orégano seco, la guindilla en copos, una cucharada de zumo de limón, ¾ de cucharadita de sal y un buen pellizco de pimienta. Remueve, tapa la cazuela y deja que se haga durante 35-40 minutos, removiendo de vez en cuando, hasta que las judías estén muy tiernas (perderán su intensa tonalidad verde) y las chalotas empiecen a caramelizarse y agarrarse aquí y allá. Aparta del fuego, añade el orégano fresco, la albahaca y la media cucharada restante de zumo de limón. Remueve y reserva hasta que vayas a servir.

Mientras, mezcla el feta y el mascarpone en un bol pequeño y cháfalos con un tenedor. No te esfuerces en lograr una crema homogénea, buscamos una textura granulosa similar a la del requesón. Reserva.

Unta las rebanadas de pan con la crema de queso y dispón las judías verdes encima, junto con sus jugos. Espolvorea con el orégano y la albahaca reservados y sirve.

# Apionabo asado a fuego lento con crema de gorgonzola

**170 ml de aceite de oliva**
**2 limones**: 6 tiras de peladura fina y 50 ml de zumo
**6 dientes de ajo**, ligeramente chafados
**1 cda de semillas de comino**, ligeramente majadas
**1 apionabo grande (o 2 pequeños)**, pelado y cortado en 6-8 cuñas (1 kg)
**200 g de pimientos rojos asados** en conserva, escurridos
**50 g de avellanas blanqueadas**, tostadas, y 10 g más, picadas gruesas, para servir
**2 cdtas de melaza de granada**
**1 cdta de pimienta de Alepo en copos**
**1 cda de vinagre de vino tinto**
**50 g de gorgonzola**
**80 g de nata agria**
**5 g de cebollino**, picado fino
**5 g de hojas de perejil**, para servir
**sal y pimienta negra**

Cocinado a fuego lento en aceite, el apionabo desarrolla una maravillosa textura, tierna y mantecosa. El resultado es delicioso y sumamente reconfortante. La crema de gorgonzola está a caballo entre la *muhammara* (sin el punto crujiente de la miga de pan) y la salsa romesco (elaborada con avellanas en vez de las tradicionales almendras). Sírvelo tibio o a temperatura ambiente, ya sea como plato principal o como guarnición de un pollo asado.

*Adelántate:* puedes hacer la crema de gorgonzola hasta 2 días antes y guardarla en la nevera. Si quieres hacer más cantidad, te irá de perlas para condimentar una patata asada. Una vez montado, este plato debe comerse cuanto antes.

**Para 4 personas**

Precalienta el horno a 170 °C con ventilador.

En una bandeja de horno de 23 × 23 cm, mezcla el aceite, la peladura y el zumo de limón, el ajo, 2 cucharaditas de semillas de comino y una cucharadita de sal. Remueve y añade las cuñas de apionabo, dándoles la vuelta para que el aceite las recubra. Espárcelas en la bandeja apoyadas sobre un costado y formando una sola capa. Tapa la bandeja con papel de aluminio, sellando bien los bordes, y hornea durante una hora y media, dando la vuelta a las cuñas de apionabo a media cocción. Sube la temperatura del horno a 180 °C, retira el papel de aluminio y hornea durante 30 minutos más, hasta que el apionabo esté tierno y dorado. Pásalo a una fuente de servir y reserva.

Aparta 90 ml del aceite de cocción de la bandeja y viértelo en un robot de cocina. Rescata los dientes de ajo y la peladura de limón y añádelos también, junto con los pimientos, las avellanas, la melaza de granada, la pimienta de Alepo, el vinagre, la cucharadita restante de semillas de comino, media cucharadita de sal y una buena pizca de pimienta. Tritura hasta lograr una textura homogénea.

Bate el gorgonzola con la nata agria, añade el cebollino, $^1/_8$ de cucharadita de sal y otro tanto de pimienta. Guarda en la nevera hasta que vayas a servir.

Riega las cuñas de apionabo con cerca de dos tercios de la salsa de pimiento rojo y esparce unas cucharadas de crema de gorgonzola aquí y allá. Espolvorea con el perejil y las avellanas restantes. Sirve acompañado de la salsa y/o la crema de gorgonzola restantes.

# Zanahorias asadas con *dukkah* de hojas de curri

**1 kg de zanahorias finas en manojo**, despuntadas de modo que sólo quede 1 cm de tallo y peladas (750 g); si usas zanahorias gruesas, córtalas por la mitad a lo largo
**2 cdtas de zumo de limón**
**320 g de yogur tipo griego (o *labneh*)**, para servir
**sal y pimienta negra**

Dukkah *de hojas de curri (usa una mezcla de todos o algunos de los frutos secos indicados, mientras el peso neto total sea el mismo, 100 g):*
**25 g de anacardos**
**25 g de cacahuetes crudos pelados**
**25 g de almendras blanqueadas**
**25 g de avellanas blanqueadas**
**1 cda de semillas de cilantro**
**60 ml de aceite vegetal**
**10 g de hojas de curri**
**25 g de chalota frita comprada hecha**
**½ cdta de guindilla en copos**
**¼ de cdta de sal**

**Durante sus vacaciones en Sri Lanka hace unos años, Helen se aficionó al potecito de *dukkah* que a menudo aparecía en la mesa por las noches. Tanto es así que pronto empezaron a aparecer dos potecitos cada noche. La última noche de su estancia, el chef, Madhura Geethanjana, garabateó la composición de su «mezcla de frutos secos» en la servilleta de Helen. Que alguien escriba una receta en una servilleta para que ésta siga su viaje es una hermosa imagen y un acto de generosidad. La *dukkah* se conserva bien en la nevera hasta cinco días (o más tiempo en el congelador), así que haz más cantidad de la necesaria. Alegrará toda clase de platos: sopas, verduras asadas, pollo (véase la pág. 128), pescado a la plancha, ensaladas.**

**Para 4-6 personas, como guarnición**

Precalienta el horno a 160 °C con ventilador.

Empieza por la *dukkah*. Esparce los frutos secos y las semillas de cilantro sobre una bandeja de horno cubierta con papel vegetal y tuesta durante 8-10 minutos. Retira del horno y deja que se atemperen.

Sube la temperatura del horno a 220 °C con ventilador.

En una sartén pequeña, calienta el aceite a fuego moderado. Añade las hojas de curri —¡apártate, porque salpicarán!— y saltea durante unos 30 segundos, hasta que estén crujientes. Escurre en un colador pequeño colocado sobre un bol y reserva este aceite infusionado. Pasa las hojas a una fuente cubierta con papel de cocina y, cuando estén frías, aparta 10 e introduce las demás en un robot de cocina. Añade los frutos secos y las semillas de cilantro tostados, junto con la chalota frita, la guindilla en copos y la sal. Tritura hasta lograr un granulado de textura gruesa y reserva en un bol hasta que vayas a servir.

Esparce las zanahorias sobre una bandeja cubierta con papel vegetal y sazona con 3 cucharadas del aceite infusionado con hojas de curri. Salpimienta y riega con el zumo de limón. Remueve con delicadeza y hornea durante unos 30 minutos, hasta que las zanahorias estén tiernas y ligeramente chamuscadas en los bordes. Retira del horno y reserva durante por lo menos 5 minutos. Deben servirse apenas tibias o a temperatura ambiente.

Cuando vayas a servir, mezcla el yogur con ¼ de cucharadita de sal y espárcelo sobre la fuente. Dispón las zanahorias por encima y espolvorea con 3-4 cucharaditas de *dukkah*, seguidas de las hojas de curri fritas. Riega con el aceite infusionado restante y sirve.

# Colinabo confitado a la mantequilla con chimichurri de aceitunas

**50 g de mantequilla sin sal**
**1,2 kg de colinabo** (cerca de 4), pelados y cortados en bastones de 1 ½ cm (885 g)
**1 cdta de zumo de limón**
**130 g de *crème fraîche***

*Chimichurri*
**105 ml de aceite de oliva**
**40 g de semillas de calabaza**
**50 g de aceitunas verdes deshuesadas**
**1 chile jalapeño verde**, sin semillas y picado grueso
**1 diente de ajo, prensado**
**15 g de perejil**, picado grueso, y unas hojas más para servir
**5 g de cebollino**, picado
**1 ½ cdas de alcaparras**
**1 cda de zumo de limón**
**1 cdta de mostaza de Dijon**
**1 cdta de sirope de arce**
**sal y pimienta negra**

Las palabras «confitado a la mantequilla» son un reclamo infalible, ¿verdad? Pues ¡que no te disuada «colinabo»! Nos encanta esta crucífera en todas sus formas, pero la técnica del confitado le aporta una textura inusualmente aterciopelada que hace que se derrita en la boca. Otras verduras que también se prestan a esta forma de cocción son la zanahoria y el nabo. Sírvelo tal cual, acompañado de pan, o como parte de un menú de tapas.

*Adelántate:* puedes hacer el chimichurri la víspera y guardarlo refrigerado. Perderá color, pero conservará todo su sabor y es un complemento ideal para toda clase de verduras, carnes y pescados asados.

**Para 4 personas**

Empieza por el chimichurri. En una cazuela grande con tapa, calienta una cucharada de aceite a fuego alegre. Después, sazona las semillas de calabaza con ⅛ de cucharadita de sal y luego saltea durante 5 minutos, removiendo muy de vez en cuando, hasta que estén bien tostadas y empiecen a abrirse. Pasa la mitad de las semillas a un robot de cocina y la otra mitad a una fuente cubierta con papel de cocina.

Añade los demás ingredientes del chimichurri al robot de cocina junto con los 100 ml restantes de aceite de oliva, ⅛ de cucharadita de sal y un buez pellizco de pimienta. Tritura hasta obtener una salsa de textura gruesa. Reserva (o refrigera) hasta que vayas a servir.

Derrite la mantequilla en la cazuela y añade el colinabo. Salpimienta, tapa la cazuela y calienta a fuego vivo. Tan pronto como la mantequilla empiece a burbujear, agita la cazuela, baja a fuego moderado y deja que el colinabo se confite durante 15-20 minutos, tapado, agitando la cazuela de vez en cuando al principio y más a menudo hacia el final, hasta que esté tierno y caramelizado, pero sin que llegue a deshacerse. Incorpora el zumo de limón y reserva.

En un bol pequeño, salpimienta la *crème fraîche*. Esparce sobre una fuente de servir y dispón el colinabo sobre este lecho. Riega con un poco de chimichurri y espolvorea con las semillas de calabaza restantes. Decora con las hojas de perejil y sirve con el resto del chimichurri aparte.

# Coles de Bruselas braseadas con aceite de oliva y limón

**1 kg de coles de Bruselas**, despuntadas y cortadas por la mitad a lo largo
**12 dientes de ajo**, pelados y enteros
**1 guindilla verde**, pinchada aquí y allá con la punta de un cuchillo (15 g)
**120 ml de aceite de oliva**
**2 cebollas**, picadas finas (300 g)
**250 ml de caldo vegetal (o de pollo)**
**2 limones**: 2 cdtas de ralladura fina y 3 cdas de zumo
**10 g de hojas de estragón**, picadas gruesas
**10 g de eneldo**, picado grueso
**10 g de perejil**, picado fresco
**35 g de limón en conserva** (1-2): desecha la pulpa y las semillas, corta la piel en juliana
**sal y pimienta negra**

¿Es posible escribir una receta de coles de Bruselas y no afirmar que —esta vez, sí— todos los escépticos se rendirán a sus encantos? Sospechamos que no, pero... ¡esta vez, sí! La doble cocción, que primero brasea y luego confita las coles de Bruselas, las vuelve irresistibles de puro tiernas y dulces, mientras que el limón y las hierbas aromáticas contribuyen a redondear un plato luminoso y reconfortante como pocos.

*Adelántate:* puedes hacer las coles con antelación (incluso un día antes), si quieres ahorrar tiempo. En ese caso, no añadas las hierbas aromáticas hasta el momento de servir.

**Para 6 personas, como guarnición**

Calienta a fuego vivo una cazuela grande provista de tapa y saltea un cuarto de las coles de Bruselas durante unos 5 minutos, agitando la cazuela de vez en cuando, hasta que se chamusquen por fuera. Pásalas a una bandeja de horno y repite con el resto. Añade el ajo y la guindilla a la cazuela y saltéalos del mismo modo, hasta que estén chamuscados por fuera (unos 5 minutos), antes de añadirlos a la bandeja de las coles. Aparta la cazuela del fuego y deja que se temple.

Añade 90 ml de aceite a la cazuela, caliéntala a fuego alegre y sofríe la cebolla durante unos 10 minutos, removiendo de vez en cuando, hasta que esté tierna y caramelizada. Incorpora las coles de Bruselas, el ajo y la guindilla, el caldo, una cucharadita y media de sal y una buena pizca de pimienta. Lleva a ebullición, baja a fuego moderado y deja hervir durante unos 20 minutos, con la cazuela tapada, hasta que las coles estén muy tiernas. Incorpora la ralladura y el zumo de limón.

Mientras, en un bol pequeño, mezcla las hierbas aromáticas, el limón en conserva, las 2 cucharadas restantes de aceite, ¼ de cucharadita de sal y un poco de pimienta.

Cuando vayas a servir, incorpora la mezcla anterior a las coles, removiendo lo justo para que se integren. Sirve este plato tibio o a temperatura ambiente.

# Remolacha asada con estragón y *tarator* de nueces

**2 manojos de remolacha** (1 kg), peladas y cortadas en cuartos (si son grandes, en 6 cuñas) (800 g)
**2 cdas de aceite de oliva**
**sal y pimienta negra**

*Aliño de estragón*
**1 ½ cdtas de mostaza de Dijon**
**1 ½ cdas de vinagre de vino tinto**
**½ cdta de azúcar extrafino**
**60 ml de aceite de oliva**
**10 g de hojas de estragón**, la mitad picadas finas y el resto enteras, para servir

Tarator
**3 rebanadas de pan de molde blanco** (75 g), sin la corteza y troceadas
**2 cdas de zumo de limón**
**120-135 ml de agua**
**95 g de nueces**
**3 dientes de ajo**, pelados y enteros
**60 ml de aceite de oliva**
**10 g de hojas de menta**: aparta unas pocas para decorar y pica las demás finas

Hay algo sumamente reconfortante en los tubérculos asados, un bocado dulce y carnoso que da lo mejor de sí tras una cocción larga y pausada. Es el caso de estas remolachas, que también quedarían de maravilla con unos trozos de queso de cabra esparcidos por encima (ya sea en sustitución del *tarator* o complementándolo). Sirve este plato con pan pita o pan rústico tostado, o bien como guarnición de un pescado azul a la plancha.

*Notas de conservación:* tanto el aliño de estragón como el *tarator* se conservan refrigerados durante 3 días. El *tarator* te sobrará, pero no dudes en usarlo como crema untable para unas crudités o para aderezar otras verduras o viandas asadas.

**Para 4 personas**

Precalienta el horno a 180 °C con ventilador.

Dispón las cuñas de remolacha sobre una bandeja de horno (de unos 40 × 30 cm) cubierta con papel vegetal. Riega con el aceite, ¾ de cucharadita de sal y un buen pellizco de pimienta. Mezcla para que se impregnen bien y hornea durante unos 50 minutos, removiendo a media cocción, hasta que la remolacha esté tierna.

Mientras, mezcla todos los ingredientes del aliño de estragón en un frasco, junto con ¼ de cucharadita de sal y un poco de pimienta. Agita para emulsionar y reserva.

Pasa la remolacha asada a un bol y, mientras está tibia, aderézala con tres cuartas partes del aliño. Remueve con delicadeza y reserva.

Prepara el *tarator*. Mezcla el pan, el zumo de limón y 60 ml de agua en un robot de cocina y deja reposar durante 2-3 minutos para que el pan se empape bien. Añade 80 g de nueces (pica las demás y reserva), el ajo, el aceite, media cucharadita de sal y una buena pizca de pimienta. Tritura hasta lograr una pasta gruesa y, con el motor en marcha, vierte los restantes 60-75 ml de agua y tritura hasta obtener la consistencia de un yogur espeso. Pasa el *tarator* a un bol mediano e incorpora la menta picada.

Esparce la mitad del *tarator* sobre una fuente de servir y dispón la remolacha asada por encima. Reparte a el resto del *tarator* a cucharadas y riega con el aliño de estragón restante. Espolvorea con las hojas de estragón y menta y las nueces picadas reservadas, y sirve.

# Chirivías asadas con parmesano y pimienta negra

**600 g de chirivías**, sin pelar, despuntadas y cortadas por la mitad a lo largo
**3 cdas de aceite de oliva**
**¾ de cdta de pimienta fresca recién molida**
**2 cdtas de sirope de arce**
**20 g de parmesano**
**1 limón**, cortado en 4 cuñas, para servir
**sal**

**He aquí una guarnición muy fácil y rápida de preparar, perfecta para acompañar un asado de fin de semana u otro plato festivo. Sirve las chirivías recién salidas del horno, mientras están crujientes.**

**Para 4 personas, como guarnición**

Precalienta el horno a 220 °C con ventilador.

En una cacerola mediana, lleva a ebullición 1 ½ litros de agua. Cuando rompa a hervir, añade una cucharada de sal y las chirivías. Dejar hervir a fuego moderado durante 5 minutos, hasta que, al insertar la punta de un cuchillo en las chirivías, las atraviese con facilidad, pero sin que se deshagan.

Escurre las chirivías en un colador y pásalas a una bandeja de horno grande. Añade 2 cucharadas de aceite, media cucharadita de pimienta y todo el sirope de arce, y mezcla con delicadeza. Hornea durante unos 20 minutos, hasta que se doren ligeramente. Retira del horno, ralla la mitad del parmesano por encima y hornea durante 5 minutos más, o hasta que el parmesano esté bien dorado.

Riega las chirivías con la cucharada restante de aceite y ralla el resto del parmesano por encima para crear un efecto «nevado».

Espolvorea con la pimienta restante y sirve con las cuñas de limón aparte.

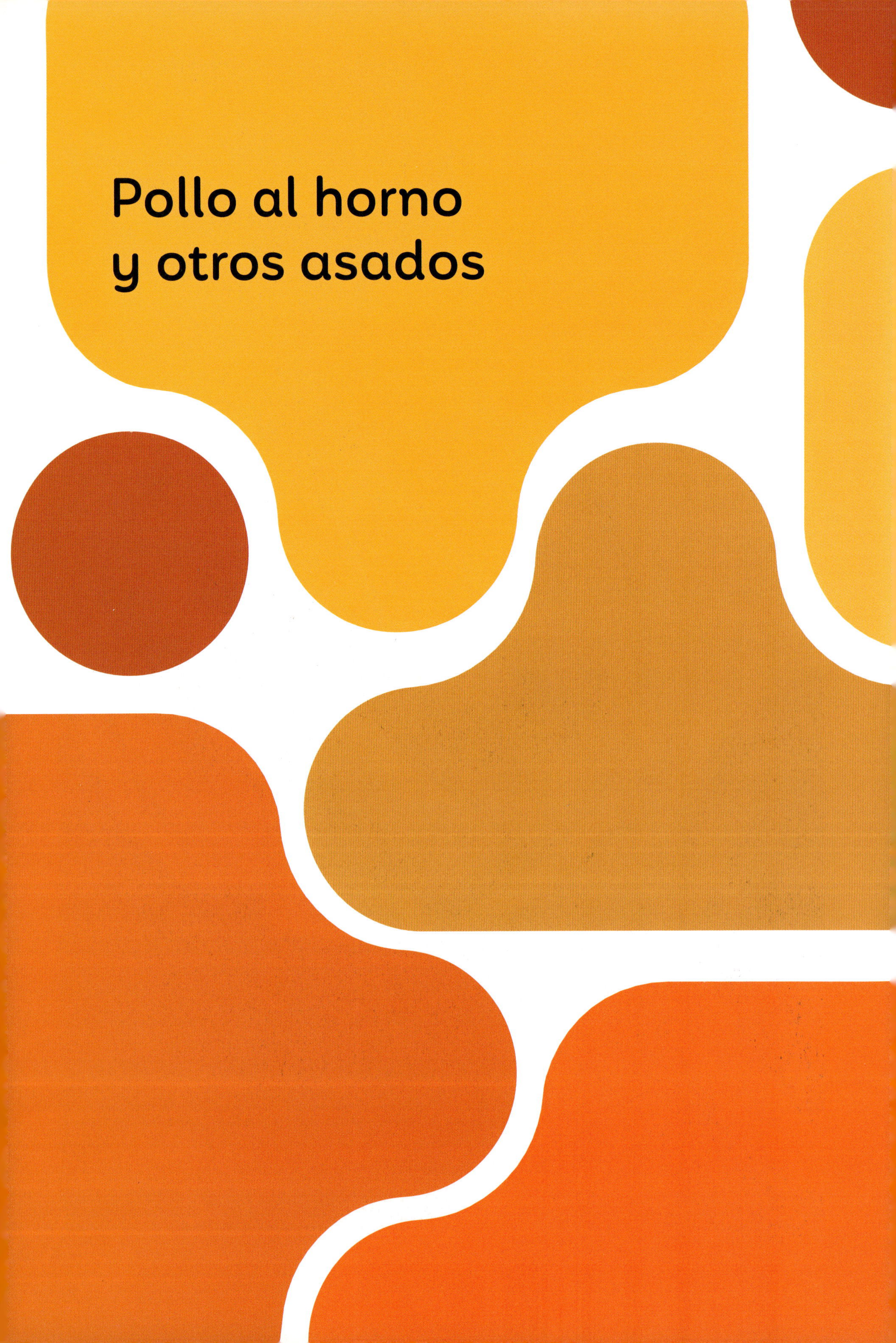

# Pollo al horno y otros asados

# Pollo asado con la marinada de la tía Pauline

**1 pollo entero** (1,5-1,7 kg), cortado en mariposa (pide a tu pollero que lo haga o busca un tutorial en internet)

*Marinada*
**5 dientes de ajo**, picados gruesos
**15 g de jengibre**, pelado y picado grueso
**50 ml de salsa de soja clara**
**6-7 limas**, para obtener 110 ml de zumo
**55 g de azúcar de palma**, picado grueso (o azúcar de caña rubio)
**75 ml de aceite de cacahuete (o de girasol)**
**1 ¾ cdtas de guindilla picante molida**
**4 cdtas de cilantro molido**
**30 g de cilantro**: pica gruesos los tallos (20 g) y las hojas (10 g), para servir
**150 ml de leche de coco**
**25 ml de salsa de pescado**
**sal**

**Como suele pasar con las mejores tías, la tía Pauline no era pariente directa de Helen, sino una amiga de la familia que emigró a Australia por las mismas fechas, procedente de Malasia. Quedaban en el parque, jugaban al cricket y hacían barbacoas en las zonas de pícnic públicas. Las viandas que se asaban en esas ocasiones variaban —las alitas o los muslos de pollo eran grandes favoritos, así como los langostinos—, pero la marinada era demasiado buena para cambiarla. Haz más cantidad de la necesaria, pues siempre podrás congelarla. Sirve el pollo con una buena ensalada verde, una fuente de** *pack choi* **o la ensalada de piña que proponemos en la página siguiente.**

**Para 4 personas**

Mezcla todos los ingredientes de la marinada en un vaso batidor o robot de cocina, junto con ¾ de cucharadita de sal. Tritura bien, hasta lograr una textura homogénea. Pon el pollo en un recipiente grande con tapa, vierte la marinada por encima y refrigera hasta el día siguiente. Da la vuelta al pollo un par de veces mientras se marina, para que se impregne bien.

Precalienta el horno a 185 °C con ventilador.

Coloca el pollo con la mitad de la marinada en una bandeja o fuente de horno de unos 24 × 32 cm. Hornea durante 30 minutos, regándolo una o dos veces con la marinada durante la cocción. Al cabo de 30 minutos, vierte por encima el resto de la marinada y prolonga la cocción otros 25-30 minutos. Apaga el horno, pero deja el pollo dentro, reposando durante 15 minutos más, con la puerta entreabierta.

Pasa el pollo a una fuente de servir y vierte los jugos del asado en una salsera. Espolvorea el pollo con las hojas de cilantro y sirve con la salsa aparte.

# Pollo especiado al estilo de Steph

**1 cdta de pimienta de Jamaica en grano**
**2 hojas de laurel**, desmenuzadas
**1 ½ cdtas de guindilla picante molida**
**1 ½ cdtas de pimentón dulce**
**½ cdta de canela molida**
**½ cdta de mezcla de especias para repostería** (canela, cardamomo, jengibre, etc.)
**25 g de azúcar de caña rubio**
**1 ½ cdas de miel fluida**
**1-2 jalapeños verdes**, picados finos
**1-2 chiles habaneros**, picados finos
**1 cebolla roja pequeña**, cortada en dados de 1 cm (100 g)
**1 cebolleta pequeña**, picada fina (30 g)
**50 ml de aceite de oliva**
**1 kg de muslos de pollo**, sin deshuesar, con la piel
**2 cdas de vinagre de vino blanco**
**sal**

Steph es una cocinera jamaicana con la que Helen trabajó en Melbourne hace años. Ha pasado mucho tiempo desde que su receta de adobo especiado para las carnes asadas circuló de mano en mano, garabateada en un trocito de papel, pero Helen no se ha separado de ella desde entonces. Las recetas, como las postales, vuelan por el mundo con la esencia de un lugar por un lado y un saludo garabateado por el otro.

Nosotros servimos el pollo con una sencilla ensalada —hecha con media col pequeña y un cuarto de piña, ambas cortadas finas, unas láminas de coco fresco, jalapeño, cebolleta, cilantro y menta— que aliñamos con aceite de oliva, zumo de lima y sirope de arce.

**Para 4 personas, con arroz y ensalada**

En una sartén, tuesta la pimienta de Jamaica y las hojas de laurel durante 1-2 minutos, hasta que estas últimas empiecen a chamuscarse. Maja en un mortero y vierte en un bol grande, junto con los demás ingredientes del adobo, salvo el vinagre. Añade una cucharadita de sal, mezcla y riega el pollo con este adobo. Masajéalo a conciencia, para que se impregne bien, tapa y refrigera durante por lo menos 6 horas (o hasta el día siguiente).

Media hora antes de asar el pollo, sácalo de la nevera, añade el vinagre y remueve para que se integre en el adobo.

Precalienta el horno a 180 °C con ventilador.

Extiende el pollo con la piel hacia arriba sobre una bandeja de horno grande cubierta con papel vegetal. Hornea durante cerca de 45 minutos, hasta que esté dorado y crujiente, girando la bandeja a media cocción. Retira del horno y deja reposar durante 10 minutos antes de servir.

# Arroz de coco con salsa de cacahuete y pepino encurtido

*Pepino encurtido*

**125 ml de vinagre de arroz (u otro vinagre blanco)**
**80 g de azúcar extrafino**
**½ pepino**, cortado en cuartos a lo largo, sin semillas y luego cortado en rodajas finas (200 g)
**20 g de jengibre**, pelado y cortado en juliana
**1 guindilla roja (o 2 chiles ojo de pájaro, si te gusta el picante)**, abierta por la mitad a lo largo, sin semillas y cortada en juliana fina
**10 g de cilantro**, los tallos picados finos y las hojas troceadas
**1 lima**, cortada en cuñas, para servir
**sal**

*Salsa de cacahuete*

**200 g de cacahuetes tostados sin sal**
**1 cebolla**, picada gruesa (150 g)
**4 dientes de ajo, picados gruesos**
**3-4 tallos de citronela** (sólo la parte blanca), cortados a rodajas (20 g)
**10 g de jengibre**, pelado y cortado en láminas
**60 g de *sambal oelek***
**120 ml de aceite vegetal**
**450 ml de agua**
**2 cdtas de pimentón dulce**
**1 cdta de cilantro molido**
**50 g de azúcar extrafino**
**80 g de pasta de tamarindo** (comprada hecha o elaborada en casa)

*Arroz de coco*

**500 g de arroz jazmín**
**1 lata de 400 ml de leche de coco**
**6 hojas de lima frescas,** sin los tallos, cortadas en tiras finas

Hay salsas de cacahuete y salsas de cacahuete. Y luego está la salsa de cacahuete de Helen. Es un poco más laboriosa que las recetas que incorporan mantequilla de cacahuete, pero vale la pena. Haz más cantidad de la necesaria y úsala para sazonar platos de pollo (como el pollo especiado de la siguiente receta), langostinos o tofu, o bien para aderezar verduras crudas y blanqueadas. Servido con arroz de coco, es un contundente plato principal vegano. *Fotografía en la página 126.*

*Adelántate:* puedes preparar la salsa de cacahuete hasta 5 días antes y guardarla en la nevera, o más tiempo si la congelas. La ensalada de pepino se conserva hasta 2 días en la nevera.

**Para 4 personas**

Empieza por el pepino encurtido. En un cazo, mezcla el vinagre, el azúcar, 60 ml de agua y ¼ de cucharadita de sal. Lleva a ebullición, deja reducir durante un minuto, removiendo un par de veces, hasta que el azúcar se disuelva. Aparta del fuego y, cuando se enfríe, añade el pepino, el jengibre, la guindilla y los tallos de cilantro. Pasa a un recipiente con cierre hermético y refrigera.

Prepara la salsa de cacahuete. Tritura los cacahuetes en un robot de cocina hasta picarlos finos, pero sin reducirlos a polvo. Reserva.

Mezcla la cebolla, el ajo, la citronela, el jengibre y el *sambal oelek* en un vaso batidor o robot de cocina. Tritura hasta lograr una pasta homogénea.

Calienta el aceite a fuego moderado en una cazuela mediana (te parecerá mucho, pero no lo es). Al cabo de un minuto, añade la pasta anterior, baja el fuego a medio-bajo y deja que se haga durante 25 minutos, removiendo a menudo, hasta que tome un color más oscuro y empiece a agarrarse al fondo de la cazuela. Añade los cacahuetes picados y el agua, lleva a ebullición y deja que reduzca a fuego medio-bajo durante 15 minutos, hasta que se forme una película de grasa en la superficie. Añade el pimentón, el cilantro, el azúcar, la pasta de tamarindo y media cucharadita de sal y prolonga la cocción 5 minutos más. Aparta del fuego, deja que se atempere y pasa a un bol. Refrigera hasta que vayas a servir.

En una cazuela antiadherente de 28 cm de diámetro con tapa, mezcla el arroz, la leche de coco, las hojas de lima, 700 ml de agua y una cucharada y cuarto de sal. Lleva a ebullición, removiendo de vez en cuando. En cuanto rompa a hervir, baja el fuego al mínimo, tapa y deja que se haga durante 30 minutos. Transcurrido ese tiempo, sube el fuego y deja que hierva tapado a fuego vivo durante 15 minutos más, hasta que se forme una costra de arroz dorado en el fondo de la cazuela. Aparta del fuego y deja reposar durante 5 minutos sin destapar. Para desmoldar el arroz, desliza una espátula de goma alrededor de la cazuela, cúbrela con una fuente grande y dale la vuelta con cuidado.

Cuela el pepino encurtido (desecha el líquido) e incorpora las hojas de cilantro. Calienta la salsa de cacahuete y úsala para regar el arroz. Esparce el pepino encurtido por encima y sirve con las cuñas de lima aparte.

# Pollo especiado con *sambal oelek*

**8 muslos de pollo** sin deshuesar, con la piel y unos cortes superficiales (1 kg)

*Adobo especiado*
**2 cdas de cilantro molido**
**1 ½ cdtas de comino molido**
**1 ½ cdtas de cúrcuma molida**
**1 cdta de semillas de hinojo**, majadas finas
**2 cdas de sirope de arce**
**2 cdas de zumo de lima**
**1 cda de *sambal oelek***
**1 ½ cdtas de aceite de cacahuete (o de girasol)**
**sal**

*Para servir*
**salsa de cacahuete** (ver pág. 124)
**1 lima**, cortada en cuñas

*Fotografía en la página 127.*

**Para 4 personas**

Mezcla todos los ingredientes del adobo especiado junto con una cucharadita y media de sal en una bolsa de plástico grande con cierre hermético o un táper grande, para que el pollo quepa en una sola capa. Añade el pollo, cierra la bolsa y masajea un poco por fuera (o directamente con las manos si usas un táper), para que se impregne bien. Refrigera durante por lo menos 4 horas (o hasta el día siguiente), removiendo un par de veces durante ese tiempo, si es posible.

Un ahora antes de cocinar el pollo, sácalo de la nevera.

Precalienta el horno a 190 °C con ventilador.

Acomoda el pollo con la piel hacia arriba sobre una bandeja de horno grande cubierta con papel vegetal y hornea unos 40 minutos, regándolo un par de veces con el adobo, hasta que esté bien dorado. Riega con la salsa de cacahuete tibia y sirve el resto aparte junto con las cuñas de lima.

# Pollo asado con *dukkah* de hojas de curri

Dukkah *de hojas de curri (usa una mezcla de todos o algunos de los frutos secos indicados, mientras el peso neto total sea el mismo, 100 g):*
**25 g de anacardos**
**25 g de cacahuetes crudos pelados**
**25 g de almendras blanqueadas**
**25 g de avellanas blanqueadas**
**1 cda de semillas de cilantro**
**60 ml de aceite vegetal**
**10 g de hojas de curri**
**25 g de chalota frita comprada hecha**
**½ cdta de guindilla en copos**
**¼ de cdta de sal**

*Pollo asado*
**3 cebollas**, cortadas en aros de 2 cm de grosor (540 g)
**100 g de mantequilla sin sal**, a temperatura ambiente
**1 pollo mediano** (de cerca de 1,3 kg)
**2 limas**, cortadas en cuartos
**1 cabeza de ajos pequeña**, sin pelar y cortada por la mitad a lo ancho
**sal y pimienta negra**

Descubrir una nueva manera de asar un pollo —el no va más de la comida reconfortante— siempre es un motivo de alegría. Sírvelo con unas zanahorias asadas (ver pág. 106) o cualquier otra verdura al horno. Una col de Saboya a la mantequilla también le iría que ni pintada.

**Para 4 personas**

Precalienta el horno a 160 °C con ventilador.

Empieza por la *dukkah*. Esparce los frutos secos y las semillas de cilantro sobre una bandeja de horno grande cubierta con papel vegetal y hornea durante 8-10 minutos. Retira del horno y deja que se atemperen.

En una sartén pequeña, calienta el aceite a fuego moderado. Añade las hojas de curri —cuidado, ¡que salpican!— y saltea durante unos 30 segundos, hasta que estén crujientes. Escurre las hojas en un colador apoyado sobre un bol (reserva ese aceite aromatizado para hacer aliños o para regar unas verduras asadas). Pasa las hojas a una fuente cubierta con papel de cocina y reserva. Cuando estén frías, reserva 10 hojas para servir y pasa las demás a un robot de cocina. Añade todos los frutos secos y las semillas de cilantro, junto con la chalota frita, la guindilla en copos y la sal. Tritura hasta lograr una pasta gruesa y pásala a un bol pequeño.

Sube la temperatura del horno a 190 °C con ventilador.

Esparce los aros de cebolla, formando una sola capa, sobre una bandeja de horno mediana o una fuente refractaria.

En un bol mediano, mezcla 100 g de *dukkah* con toda la mantequilla y bate con una cuchara de palo para lograr una textura homogénea.

Con los dedos, o valiéndote de una cucharilla con el dorso hacia arriba, levanta cuidadosamente la piel del pollo (primero de las pechugas y luego de los muslos), para separarla de la carne. Introduce la mantequilla con *dukkah* bajo la piel y masajea con los dedos para esparcirla. Salpimienta el pollo por toda la superficie. Introduce la mitad de los cuartos de lima y las dos mitades de la cabeza de ajos dentro del pollo y acomódalo sobre el lecho de cebolla.

Hornea durante 1 hora y 10 minutos —tápalo con papel de aluminio, si es necesario—, hasta que esté bien dorado. Apaga el horno y deja el pollo dentro durante 15 minutos más con la puerta cerrada. Pásalo a una fuente de servir, espolvorea con las hojas de curri reservadas y sirve con las cuñas de lima y el resto de la *dukkah* aparte.

# Pollo *alla cacciatore* con picada de hierbas aromáticas

**1 kg de muslos de pollo**, sin deshuesar, con la piel
**½ cdta de orégano seco**
**½ cdta de tomillo seco**
**1 cda de aceite de oliva**
**400 g de tomates cherry pera o comunes**, cortados por la mitad
**200 g de tomates pera**, cortados en cuartos
**1 cda de vinagre de vino blanco**
**½ hogaza de pan rústico**, cortado en rebanadas, sin la corteza, tostado y partido en trozos de 4 cm (150 g)
**sal y pimienta negra**

*Picada de hierbas aromáticas*
**2 cdas de semillas de sésamo tostadas**
**½ cdta de orégano seco**
**½ cdta de tomillo seco**
**25 g de perejil**, picado grueso
**25 g de cebollino**, cortado en segmentos de 1 cm
**3 dientes de ajo**, prensados
**100 ml de aceite de oliva**
**50 g de aceitunas verdes deshuesadas**, cortadas por la mitad
**10 g de hojas de menta**, picadas gruesas
**1 limón**: 1 ½ cdtas de ralladura fina, 1 cdta de zumo

**Damos las gracias a Jake Norman, de la cocina de pruebas Ottolenghi, por este plato. Jake se inspiró en la cocina tradicional italiana y su «pollo a la cazadora», un humilde estofado con tomate y aceitunas, así como en la *panzanella*, una maravillosa ensalada a base de tomate y pan. La picada de hierbas aromáticas es una versión fresca y mentolada del *za'atar*, una mezcla de especias típica de Oriente Próximo. Sugerimos una combinación de tomates cherry y pera, pero usa los que tengas a mano. Sirve este plato con una buena ensalada y unas patatas hervidas.** *Fotografía en la página anterior.*

**Para 4 personas**

Precalienta el horno a 180 °C con ventilador.

En un bol grande, sazona los muslos de pollo con las hierbas aromáticas secas y ¾ de cucharadita de sal. Calienta a fuego vivo una cazuela o fuente refractaria grande, honda y provista de tapa. Añade el aceite, los tomates y ¼ de cucharadita de sal. Saltea durante 5 minutos, removiendo de vez en cuando, hasta que los tomates empiecen a deshacerse y a soltar sus jugos. Acomoda el pollo por encima de los tomates, con la piel hacia arriba, y añade el vinagre. Tapa y hornea durante 40 minutos. Transcurrido ese tiempo, sube la temperatura del horno a 200 °C, destapa la cazuela y hornea durante 20 minutos más. Retira del horno y pasa el pollo a una fuente para que repose. Devuelve la cazuela al horno para los últimos 10 minutos de cocción, hasta que la salsa haya reducido un poco y los tomates estén chamuscados.

Mientras, prepara la picada de hierbas aromáticas. Mezcla todos los ingredientes en un bol mediano con ¼ de cucharadita de sal y un buen pellizco de pimienta. Remueve y reserva.

Retira la cazuela del horno e incorpora el pan rústico tostado. Dispón el pollo sobre el pan y riégalo con parte de los jugos de cocción. Espolvorea con una buena pizca de pimienta, esparce la picada por encima y sirve.

# Arroz con queso al limón y mantequilla picante

**8 clavos de olor**
**6 vainas de cardamomo**, chafadas
**1 limón**: pela la piel a tiras y exprime para obtener 2 cdas de zumo
**125 g de ricotta**
**150 g de feta**, desmenuzado
**125 g de mozzarella firme**, rallado
**25 g de parmesano**, rallado
**1 huevo**, batido
**400 g de arroz basmati**, lavado y bien escurrido
**75 g de aceitunas verdes deshuesadas**, cortadas por la mitad
**100 g de mantequilla sin sal**
**½ cdta de guindilla en copos**
**¾ cdta de pimienta de Alepo en copos**
**½ cdta de zumaque**
**1 cebolleta**, cortada al bies en trozos de 1 cm (50 g)
**sal**

Nada puede salir mal cuando preparas un arroz al horno. Echa la cantidad de agua justa, sella bien la cazuela, métela en el horno y olvídate. Este plato es tan reconfortante y delicioso como cabría esperar de un arroz con cuatro quesos y mantequilla picante. Es la guarnición perfecta para algo sencillo, como un pollo al horno, pero también se puede servir como plato principal si lo acompañas de unas verduras salteadas. *Fotografías en las páginas siguientes.*

*Adelántate:* conviene comer el arroz recién sacado del horno, pero si quieres avanzarte puedes dejarlo a punto para añadir el agua caliente y las hierbas aromáticas.

**Para 6 personas**

Precalienta el horno a 200 °C con ventilador.

Vierte 750 ml de agua en una cacerola mediana y añade los clavos de olor, las vainas de cardamomo, la peladura de limón y una cucharadita y media de sal. Lleva a ebullición y aparta del fuego.

Mientras, mezcla los cuatro quesos y el huevo en un bol mediano. Con las manos, divide la mezcla en 12 porciones y forma bolas de unos 40 g cada una. No tienen que ser perfectas, porque se desharán en el arroz.

Cubre con el arroz el fondo de una bandeja o fuente refractaria honda, de unos 24 × 32 cm (o bien una cazuela refractaria de 28 cm de diámetro, con tapa) y reparte las aceitunas por encima. Vierte el agua caliente y las hierbas aromáticas, agita la bandeja con delicadeza para que el arroz se esparza uniformemente y luego reparte las bolas de queso por encima del arroz. Tapa la bandeja con papel de aluminio, sellando bien los bordes para que el vapor no se escape, y hornea durante 25 minutos. Retira del horno y deja reposar, tapado, durante unos 10 minutos.

Mientras, derrite la mantequilla en un cazo mediano a fuego moderado. Añade la guindilla en copos, la pimienta de Alepo y el zumaque y deja que se haga durante 2-3 minutos. Añade la cebolleta y prolonga la cocción durante 20 segundos más. Aparta del fuego, añade el zumo de limón y reserva. Destapa el arroz y riega con la mantequilla picante justo antes de servir.

# Pollo al estilo oriental con col china y *rayu* de cacahuete

**4 pechugas de pollo pequeñas** (600 g)
**20 ml de vino de arroz *shaoxing***
**10 g de jengibre**, pelado y rallado fino
**2 cdtas de aceite de cacahuete**
**1 col china grande**, cortada en juliana fina (400 g)
**20 g de hojas de albahaca**, troceadas
**1-2 cebolletas**, cortadas en juliana fina (60 g)
**1-2 limas**, en cuñas, para servir
**sal**

Rayu *de cacahuete*
**250 ml de aceite de cacahuete (u otro aceite de sabor neutro)**
**20 g de guindilla en copos** (*gochugaru* coreano, idealmente, o una mezcla equivalente de copos de guindilla común y pimiento dulce en copos)
**120 g de cacahuetes tostados sin sal**, picados gruesos en un robot de cocina
**4 dientes de ajo grandes**, picados
**4 cdas de semillas de sésamo** (35 g)
**2 cdas de salsa de soja**
**2 cdas de azúcar extrafino**
**1 cdta de sal marina en escamas**

En la cocina china es habitual hervir un pollo entero en un caldo hecho a base de vino de arroz y hierbas aromáticas. Es una forma sencilla pero genial de conseguir una carne tierna e impregnada de un sabor sutil.

La clave del éxito de esta técnica reside en la temperatura del pollo cuando se sumerge en el caldo hirviendo: hay que sacarlo de la nevera 30 minutos antes y dejar que se atempere. Si está demasiado frío al entrar en contacto con el caldo, no se cocinará bien.

*Adelántate:* idealmente, el *rayu* de cacahuete debe hacerse la víspera para que los sabores se asienten, pero, si tienes que hacerlo el mismo día, no pasa nada: intenta darle un par de horas de reposo. El *rayu* se conserva refrigerado durante 2 semanas y querrás echárselo a todo: huevos fritos, fideos, arroz hervido, crudités.

**Para 4 personas**

Para hacer el *rayu*, calienta una sartén pequeña a fuego moderado con el aceite y la guindilla en copos. Cuando el aceite empiece a burbujear, añade los cacahuetes picados, el ajo y las semillas de sésamo, y deja que se haga a fuego lento durante 2 minutos. Aparta del fuego y añade la salsa de soja, el azúcar y la sal marina en escamas. Deja que el *rayu* se atempere y pásalo a un frasco con tapa.

Media hora antes de empezar a cocinar el pollo, sácalo de la nevera.

Vierte 1 ½ litros de agua en una olla grande provista de una tapa que ajuste bien. Lleva a ebullición y, cuando rompa a hervir, sumerge las pechugas de pollo, remueve rápidamente, tapa la olla enseguida y apaga el fuego. Deja que repose durante una hora sin tocarlo y luego cuela el pollo y desecha el agua.

Cuando esté lo bastante frío para manipularlo, desmenuza el pollo en tiras largas y ponlas en un bol grande. Añade el vino de arroz *shaoxing*, el jengibre, el aceite de cacahuete y media cucharadita de sal y deja reposar durante por lo menos 5 minutos. Justo antes de servir, añade la col china, la mayor parte de la albahaca y mezcla. Pasa el pollo a una fuente de servir y riega con el *rayu*. Espolvorea con la cebolleta y la albahaca restante y sirve con las cuñas de lima aparte.

# Pastel de carne estilo *shawarma* con cebolla caramelizada

*Pastel de carne*
**2 cebollas**, ralladas (265 g)
**3 huevos**, ligeramente batidos
**3 dientes de ajo**, prensados
**1 cda de comino molido**
**1 cda de pimentón dulce**
**1 ½ cdtas de pimienta de Jamaica molida**
**1 ¼ cdtas de cúrcuma molida**
**¼ de cdta de pimienta de cayena**
**125 g de bulgur**
**750 g de carne picada de cordero (o ternera)**, con 20% de grasa
**1 calabacín grande**, rallado (200 g)
**15 g de cilantro**, hojas y tallos picados finos, y 5 g más de hojas para servir
**15 g de hojas de menta**, picadas finas, y 5 g más de hojas enteras, para servir
**3 cdas de aceite de oliva**
**sal y pimienta negra**

*Cebolla caramelizada*
**3 cdas de aceite de oliva**
**3 cebollas**, cortadas en juliana fina (480 g)
**1 cdta de azúcar extrafino**
**2 cdas de melaza de granada**
**½ cdta de canela molida**
**½ cdta de pimienta de Jamaica molida**

*Salsa de yogur y granada*
**1 cda de melaza de granada**
**300 g de yogur tipo griego**
**2 cdas de semillas de granada**, para servir (opcional)

¿Qué tendrá el pastel de carne que lo hace tan apetecible? Tal vez sean los recuerdos de infancia que despierta, o lo sencillo que resulta prepararlo: se mezcla todo y al horno. La respuesta seguramente es un poco de todo. Este pastel de carne resulta doblemente evocador y reconfortante para Yotam, pues lo comía de niño, al igual que el *shawarma*. Con todo el sabor de la carne especiada y asada a fuego lento, pero con la forma de un pastel fácil de preparar, el resultado es un viaje al pasado que deleita los cinco sentidos.

*Adelántate:* puedes dejar el pastel de carne listo para hornear la víspera. Una vez hecho, se conserva un par de días en la nevera. Deja que se atempere o caliéntalo un poco antes de servir.

**Para 6 personas**

Para hacer el pastel de carne, mezcla la cebolla, los huevos, el ajo, las especias y el bulgur en un bol mediano. Refrigera durante una hora, para que el bulgur se empape e hinche. Añade el cordero, el calabacín, la menta, 2 cucharadas de aceite, una cucharadita y media de sal y una buena pizca de pimienta. Mezcla bien para que los sabores se integren.

Mientras, prepara la cebolla caramelizada. En una cacerola mediana, calienta el aceite a fuego moderado y rehoga la cebolla junto con el azúcar, ¾ de cucharadita de sal y una pizca de pimienta durante 15-20 minutos, removiendo muy a menudo, hasta que empiece a caramelizarse. Añade la melaza de granada y las especias y rehoga durante 5 minutos más. Aparta del fuego.

Incorpora la melaza de granada al yogur y reserva.

Precalienta el horno a 180 °C con ventilador.

Calienta a fuego vivo una cazuela refractaria de hierro fundido de 28 cm de diámetro y, cuando esté bien caliente, añade el aceite restante y espárcelo por el fondo de la cazuela. Vierte la mezcla del pastel de carne, alísala con las manos y métela al horno enseguida. Hornea durante 20 minutos. Reparte la cebolla caramelizada por encima y hornea durante 10-12 minutos más. Retira del horno y deja reposar durante 15 minutos.

Espolvorea con las hojas de menta y cilantro reservadas y las semillas de granada (opcional). Sirve el pastel de carne tibio o a temperatura ambiente, con la salsa de yogur y granada aparte.

# Col de Filder asada con mantequilla de miso

**125 g de mantequilla sin sal**, a temperatura ambiente
**1 diente de ajo**, pelado y entero
**2 cdtas de pasta de miso blanco**
**15 g de jengibre**, pelado y rallado fino
**2 cdtas de aceite de sésamo tostado**
**1 cdta de vinagre de arroz (o zumo de limón)**
**2 cdas de semillas de sésamo tostadas**, y 1 cdta más para servir
**½ cdta de guindilla en copos**
**1 cda de salsa de soja clara**
**1 cebolleta**, cortada en juliana fina (45 g)
**2-3 coles de Filder (también llamadas repollos corazón de buey)** (su tamaño varía mucho), cortadas en cuartos a lo largo (cerca de 1,5 kg)
**sal**

No es ningún misterio cómo se convierten unas humildes cuñas de col en un bocado delicioso que se derrite en la boca: medio paquete de mantequilla. No vamos a disculparnos por ello. Sirve este plato con arroz o fideos al vapor, o como guarnición de un buen asado.

*Adelántate:* puedes hacer la mantequilla de miso y sésamo con antelación, si lo prefieres, y guardarla en la nevera. Acuérdate de sacarla y dejar que se atempere antes de esparcirla sobre la col.

**Para 4 personas**

Precalienta el horno a 180 °C con ventilador.

Mezcla los primeros ocho ingredientes en un robot de cocina junto con 2 cucharaditas de salsa de soja, la mitad de la cebolleta y ¾ de cucharadita de sal. Tritura hasta lograr una pasta homogénea y espárcela de forma equitativa sobre las cuñas de col, de manera que recubran los lados cortados.

Dispón las cuñas de col con la parte cortada hacia arriba sobre una bandeja de horno o fuente refractaria de unos 35 × 25 cm cubierta con papel vegetal. Tapa la bandeja con papel de aluminio, sellando bien los bordes, y hornea durante 50-60 minutos. Retira el papel de aluminio y sube la temperatura del horno a 200 °C. Mezcla la cucharadita de salsa de soja restante con una cucharada de agua y añade a la bandeja. Hornea durante 15-20 minutos más, hasta que las cuñas se caramelicen y tuesten ligeramente.

Pasa las cuñas de col a una fuente, espolvorea con la cebolleta y las semillas de sésamo restantes y sirve.

# Coliflor asada al *hawaij* con salsa *gribiche*

**90 ml de aceite de oliva**
**1 coliflor grande**, separada en ramilletes (675 g); reserva las hojas
**3-4 chalotas grandes**, cortadas en cuartos (225 g)
**sal y pimienta negra**

*Mezcla de especias* hawaij
**1 ½ cdas de semillas de cilantro**
**1 cda de semillas de comino**
**¾ de cdta de semillas de fenogreco**
**3 clavos de olor**
**las semillas de 12 vainas de cardamomo**
**¾ de cdta de cúrcuma molida**
**¼ de cdta de azúcar extrafino**

*Salsa* gribiche
**25 g de sultanas**
**2 cdas de vinagre de sidra**
**60 ml de aceite de oliva**
**1 ½ cdtas de mostaza de Dijon**
**1 cdta de miel fluida**
**1 cdta de *hawaij*** (ver arriba)
**15 g de eneldo**, picado fino, y unas hojas más para servir
**10 g de perejil**, picado fino, y unas hojas más para servir
**30 g de pepinillos en vinagre**, cortados en láminas finas
**4 huevos semicocidos (7-8 minutos de cocción)**, pelados y picados gruesos

El *hawaij* es una mezcla de especias de sabor intenso que aporta calidez. Por lo general se usa en sopas y estofados, pero casa muy bien con el *gribiche*, una salsa de consistencia similar a la mayonesa que se prepara con huevos semicocidos. Para nosotros, lo ideal es sumergir los huevos a temperatura ambiente en agua hirviendo durante unos 7-8 minutos para lograr el punto justo de la clara cuajada y la yema tierna. Las sultanas son una incorporación poco convencional, pero bienvenida.

*Notas de conservación:* te saldrá más *hawaij* del necesario, pero se conserva bien. Pruébalo con otras verduras asadas.

**Para 4 personas**

Precalienta el horno a 230 °C con ventilador.

En una cacerola pequeña, calienta a fuego moderado todos los ingredientes del *hawaij* salvo la cúrcuma y el azúcar. Tuesta durante unos 3-5 minutos, hasta que las especias liberen su aroma, pásalas a una picadora (o mortero) y tritura hasta reducirlas a un polvo suave. Incorpora la cúrcuma y el azúcar. Vierte una cucharada de esta mezcla en un bol grande.

Añade 90 ml de aceite de oliva al bol del *hawaij*, junto con una cucharadita de sal y una buena pizca de pimienta. Mezcla y añade los ramilletes de coliflor. Remueve con las manos, para que la coliflor se impregne bien, y esparce sobre una bandeja de horno cubierta con papel vegetal. Añade la chalota al bol, remueve para impregnarla bien y añádela a la bandeja. Baña las hojas de la coliflor en el aceite restante y reserva.

Hornea la coliflor y la chalota durante 15 minutos, hasta que empiecen a tomar color. Retira la bandeja del horno y da la vuelta a las verduras. Añade las hojas de coliflor y hornea durante 10 minutos más, hasta que todo esté bien dorado y semicaramelizado.

Mientras, prepara el *gribiche*. En un cazo pequeño, calienta a fuego vivo las sultanas, el vinagre y una cucharada de agua. Lleva a ebullición, aparta del fuego y deja que se atempere.

Cuela las sultanas (resérvalas para servir) y mezcla el vinagre en un bol mediano con el aceite, la mostaza, la miel, una cucharadita de *hawaij*, ¼ de cucharadita de sal y un buen pellizco de pimienta. Bate para formar una emulsión. Incorpora el eneldo, el perejil, los pepinillos y los huevos picados y remueve con delicadeza.

Acomoda la coliflor y la chalota en una fuente de servir y riega con la salsa *gribiche*. Esparce por encima las sultanas remojadas y decora con el eneldo y el perejil reservados. Sirve tibio o a temperatura ambiente.

# Arroz al horno con queso, ocras y tomate

**700 g de ocras**, despuntadas (sin que se vean las semillas); la mitad cortadas en segmentos de 3 cm, las demás enteras
**600 g de tomates cherry**: 300 g cortados por la mitad, los demás enteros
**250 g de arroz basmati**, cubierto con agua y remojado durante 30 minutos
**2 clavos de olor**
**1 rama de canela**
**50 g de mantequilla sin sal**, cortada en dados de 2 cm
**425 ml de agua hirviendo**
**60 ml de aceite de oliva**
**2 cebollas**, cortadas en juliana fina (300 g)
**1 ¼ cdtas de cardamomo molido**
**2 cdtas de comino molido**
**1 ½ cdtas de azúcar extrafino**
**5 dientes de ajo,** prensados
**1 guindilla verde**, sin semillas y picada fina
**20 g de cilantro**, hojas y tallos separados
**1 cda de concentrado de tomate**
**1 ½ cdas de vinagre de vino tinto**
**300 ml de caldo de pollo (o vegetal)**
**200 g de mozzarella de búfala**, desmenuzada
**150 g de cheddar curado, rallado**
**20 g de *panko***
**sal y pimienta negra**

**Helen regentó un café en Melbourne, el Mortar and Pestle, y esta receta se inspira en uno de los platos de su carta. Se servía en capas, montado en un molde redondo y se desmoldeaba como un pastel: ¡eran los años noventa! Aunque la presentación ha quedado un pelín trasnochada, el encanto del arroz al horno con queso es atemporal.**

***Dale una vuelta de tuerca:*** **si no tienes ocras o no te gustan, puedes sustituirlas por judías verdes. Cocínalas igual que las ocras, picando la mitad y dejando la otra mitad entera.**

**Para 6 personas**

Precalienta el horno a 220 °C.

Calienta a fuego vivo una cazuela grande con tapa. Cuando esté muy caliente, añade las ocras enteras —en dos tandas— y márcalas durante unos 5 minutos, hasta que se chamusquen aquí y allí. Pasa a una fuente y reserva. Añade los tomates cherry enteros a la cazuela y márcalos durante unos 3 minutos, hasta que se chamusquen. Añádelos a las ocras y frota la cazuela con papel de cocina.

Escurre el arroz y pásalo a otra cazuela refractaria grande con tapa (o bien una fuente refractaria de 25 × 33 cm). Añade el clavo, la canela, 40 g de mantequilla, ¾ de cucharadita de sal y una buena pizca de pimienta. Vierte el agua hirviendo sobre el arroz, remueve, tapa y hornea 25 minutos. Retira del horno (no lo apagues), pero deja la cazuela tapada durante 10 minutos más.

Mientras, calienta el aceite a fuego moderado en la cazuela limpia y sofríe la cebolla 20-25 minutos, removiendo de vez en cuando, hasta que empiece a caramelizarse. Añade el cardamomo, el comino, el azúcar, el ajo, la guindilla, los tallos de cilantro, el concentrado de tomate, una cucharadita y media de sal y una pizca de pimienta, y sofríe 2 minutos más. Añade el vinagre y deja reducir 30 segundos antes de incorporar las ocras picadas y los tomates cherry cortados por la mitad. Deja que se hagan durante 5 minutos y luego incorpora el caldo. Lleva a ebullición, baja el fuego, tapa y hierve durante 15 minutos, removiendo de vez en cuando. Devuelve las ocras y los tomates enteros a la cazuela y remueve. Prolonga la cocción unos 5 minutos más con la cazuela tapada, y otros 5 destapada.

Destapa el arroz, desecha las especias enteras y ahuécalo con un tenedor. Incorpora la mozzarella al arroz y espolvorea con la mitad del cheddar rallado. En un bol pequeño, mezcla el queso restante, el *panko* y los 10 g restantes de mantequilla.

Esparce el guiso de ocras y tomates por encima del arroz y cubre con la mezcla de *panko*. Hornea durante 15 minutos, hasta que se dore. Deja que se atempere 10 minutos, espolvorea con las hojas de cilantro y sirve.

# Hinojo asado con bacalao, judías carilla y mantequilla a la *'nduja*

**60 ml de aceite de oliva**
**2-3 bulbos grandes de hinojo**, despuntados, cortados por la mitad y luego en 2-3 cuñas (600 g)
**3 chalotas**, cortadas a cuartos a lo largo (180 g)
**1 cabeza de ajos**, sin pelar y cortada por la mitad a lo ancho
**1 lata de 400 g de judías carilla (o alubias blancas)**, escurridas y pasadas por agua
**150 ml de caldo de pollo (o agua)**
**125 ml de vermut seco (o vino blanco)**
**4-5 lomos de pescado blanco sin espinas (bacalao, abadejo o merluza)** (unos 500 g)
**50 g de *crème fraîche***
**5 g de cebollino**, picado fino
**1 limón**, cortado en cuñas, para servir
**sal y pimienta negra**

*Mantequilla a la 'nduja*
**45 g de mantequilla sin sal**
**25 g de pasta de *'nduja*** (en conserva o fresca)
**¾ de cdta de guindilla de Urfa en copos**
**¾ de cdta de chile chipotle en copos**
**½ cdta de pimentón dulce ahumado**

**Un guiso de pescado y verduras con alubias es un plato de lo más reconfortante y una cena completa para cualquier noche entre semana. Usa el pescado que tengas a mano o el que más te guste (el salmón, sin ir más lejos, quedaría igual de bien que el pescado blanco). Si hay algún vegetariano entre los comensales, busca *'nduja* vegana ya preparada. Las hay estupendas y son una buena alternativa. *Fotografías en las páginas siguientes.***

***Adelántate:* puedes hacer la mantequilla a la *'nduja* hasta 3 días antes y guardarla en la nevera. Simplemente derrítela antes de usarla.**

**Para 4 personas**

Precalienta el horno a 220 °C con ventilador. Corta un disco de papel vegetal de unos 27 cm de diámetro.

En una cazuela de hierro fundido poco honda de 28 cm de diámetro y provista de tapa, calienta el aceite a fuego alegre. Saltea el hinojo, la chalota y el ajo durante unos 6 minutos, hasta que empiecen a caramelizarse. Añade las judías, el caldo, el vermut, una cucharadita de sal y una buena pizca de pimienta. Remueve con delicadeza y deja que rompa a hervir suavemente. Coloca el disco de papel vegetal sobre las verduras, tapa la cazuela y hornea durante 30 minutos, hasta que estén tiernas. Destapa, quita el papel vegetal y, si el guiso se ha secado, añade un chorrito de agua o caldo. Hornea durante 10-15 minutos más, hasta que las verduras se tuesten aquí y allá.

Mientras, en un cazo, calienta a fuego medio-bajo todos los ingredientes de la mantequilla a la *'nduja* y arranca un hervor suave, removiendo y deshaciendo la *'nduja* con el dorso de una cuchara para incorporarla a la mantequilla. Aparta del fuego.

Salpimienta el pescado y unta cada filete con una cucharadita y media de mantequilla a la *'nduja*. Retira la cazuela del horno, acomoda el pescado por encima de las verduras y hornea, destapada, durante unos 7-10 minutos, hasta que el pescado esté apenas hecho.

Retira la cazuela del horno y deja reposar durante 5 minutos antes de repartir cucharadas de *crème fraîche* entre el hinojo y el pescado. Riega con la mantequilla a la *'nduja* restante y espolvorea con el cebollino. Sirve con las cuñas de limón aparte.

# Salmón asado a la puttanesca

**200 g de judías verdes finas**, despuntadas
**2 cebolletas**, cortadas en tercios a lo ancho (75 g)
**200 g de tomates cherry**, cortados por la mitad
**6 filetes de salmón**, con piel (unos 720 g)
**sal y pimienta negra**

*Aceite con tomate y anchoas*
**85 ml de aceite de oliva**
**8 anchoas**, picadas finas
**2 ½ cdas de concentrado de tomate**
**1 cdta de guindilla en copos**
**2 cdtas de semillas de cilantro**, ligeramente majadas
**8 dientes de ajo**, cortados en láminas muy finas
**2 limones en conserva**: desecha la pulpa y las semillas, pica la piel fina (20 g)
**2 cdtas de sirope de arce**

*Aliño*
**60 g de aceitunas de Kalamata deshuesadas**, cortadas por la mitad
**60 g de alcaparras**, picadas gruesas
**1 limón en conserva:** desecha la pulpa y las semillas, pica la piel fina (10 g)
**10 g de hojas de albahaca**, picadas gruesas
**10 g de hojas de perejil**, picadas gruesas
**2 cdas de aceite de oliva**
**2 cdtas de zumo de limón**

**Si preparas el aceite con tomate y anchoas la víspera, puedes tener esta deliciosa cena lista en tan sólo veinte minutos. La simplicidad del método de cocción —¡viva el asado!—, unida a la intensidad de sabor —¡viva la puttanesca!— arroja un resultado insuperable.**

**Para 4 personas**

Empieza por el aceite con tomate y anchoas. En una cacerola pequeña, calienta a fuego moderado el aceite, las anchoas y el concentrado de tomate. Lleva a ebullición y mantén un hervor suave durante unos 5 minutos, removiendo de vez en cuando. Añade la guindilla en copos y las semillas de cilantro y prolonga la cocción un minuto más, hasta que liberen su aroma. Aparta del fuego y añade el ajo, el limón en conserva y el sirope de arce. Remueve y reserva.

Precalienta el horno a 220 °C con ventilador.

En una bandeja de horno grande cubierta con papel vegetal, mezcla las judías verdes, la cebolleta y los tomates. Riega con 3 cucharadas del aceite con tomate y anchoas, y añade ¼ de cucharadita de sal y un buen pellizco de pimienta. Remueve y hornea durante 12-13 minutos, hasta que las judías y los tomates estén tiernos y empiecen a tomar color. Mientras, dispón los filetes de salmón en una fuente y, con una cuchara, riega con el aceite de tomate y anchoas restante (y sus tropezones). Saca las judías verdes y los tomates del horno y acomoda los filetes de salmón entre éstos. Hornea durante unos 8 minutos más, retira del horno y deja reposar durante 5 minutos.

Mientras el salmón se asa, mezcla todos los ingredientes del aliño en un bol pequeño y sazona con una buena pizca de pimienta. Esparce la mitad sobre el salmón y sirve el pescado —tibio o a temperatura ambiente, tanto monta— con el resto del aliño en un bol aparte.

# Legumbres, estofados, curris

# Lentejas rojas con hinojo y patatas

**2 cdtas de semillas de mostaza negra o marrón**
**2 cdtas de semillas de comino**
**2 cdtas de semillas de hinojo**
**1 cdta de semillas de ajenuz**
**½ cdta de semillas de fenogreco**
**3 guindillas rojas secas**, enteras
**3 dientes de ajo**, pelado y entero
**10 g de jengibre**, pelado y picado grueso
**1 guindilla verde**, picada gruesa
**1 cebolla**, picada gruesa (180 g)
**4 cdas de *ghee*** (o aceite de oliva, si quieres «veganizar» la receta)
**20 hojas de curri**
**1 bulbo grande de hinojo**, cortado en dados de 2 ½ cm (300 g)
**2 patatas Monalisa o Kennebec (u otra variedad harinosa)**, peladas y cortadas en dados de 2 ½ cm (300 g)
**2 tomates grandes**, cortados en dados de 2 cm (120 g)
**1 cdta de cúrcuma molida**
**150 g de lentejas rojas partidas (*masoor dal*)**, bien lavadas, remojadas en abundante agua durante un par de horas y luego escurridas
**130 g de soja verde partida (*moong dal*)**, bien lavada, remojada en el mismo bol que las lentejas rojas y luego escurrida
**200 ml de leche de coco**, y 2-3 cucharadas más para servir
**800 ml de agua**
**1 cda de zumo de lima**
**10 g de hojas de cilantro**, picadas gruesas, y unas pocas más para decorar
**sal**

*Para servir*
**1 lima, cortada en cuñas**
**arroz hervido o *roti* (pan indio)**

Las legumbres se prestan a una gran variedad de recetas y cada cual tiene la suya, perfeccionada a lo largo del tiempo, pero capaz de admitir ligeras variaciones según lo que haya en la despensa. La mezcla de hinojo y patata es algo que Helen aprendió de los curris de Malasia, donde hay una gran comunidad india. La combinación de dos legumbres es ideal, pues las lentejas rojas se deshacen y espesan la salsa, mientras que la soja verde resiste mejor la cocción. Sirve este plato con arroz o *roti*.

*Adelántate:* puedes hacer este plato hasta 3 días antes de servirlo y guardarlo en la nevera. Se espesará al enfriarse, así que añade un chorrito de agua antes de calentarlo. El *tarka* —aceite o *ghee* infusionado— se usa para aderezar las legumbres justo antes de servirlas, por lo que debe prepararse al momento.

*Nota sobre el remojo:* si quieres dejar las legumbres en remojo desde la víspera, hazlo —quedarán más tiernas—, pero con una o dos horas es suficiente.

**Para 6 personas**

En un bol pequeño, mezcla las semillas de mostaza, comino, hinojo, ajenuz y fenogreco y añade la guindilla seca.

En un robot de cocina, tritura el ajo, el jengibre, la guindilla verde y la cebolla hasta picarlos finos.

En una cazuela grande con tapa, calienta 3 cucharadas de *ghee* a fuego alegre. Añade las especias (reserva 2 cucharadas para servir), la mitad de las hojas de curri y saltea durante 1-2 minutos, hasta que desprendan su aroma.

Baja un poco el fuego y añade la mezcla de cebolla a la cazuela junto con el hinojo. Rehoga durante 20 minutos, removiendo regularmente, hasta que el hinojo esté casi traslúcido y empiece a tomar color. Añade la patata, el tomate, la cúrcuma, las lentejas y la soja verde. Remueve con delicadeza, prolonga la cocción 2 minutos más y añade la leche de coco, el agua y 2 cucharaditas y cuarto de sal. Remueve, lleva a ebullición y baja el fuego. Tapa la cazuela y mantén un hervor suave durante unos 45 minutos, removiendo de vez en cuando. Destapa la cazuela, sube un poco el fuego para avivar el hervor y prolonga la cocción 15 minutos más, removiendo regularmente, hasta que las lentejas estén muy tiernas y la salsa haya espesado. Incorpora el zumo de lima, el cilantro y reserva.

Justo antes de servir, calienta la cucharada restante de *ghee* en una sartén y saltea las especias y las hojas de curri reservadas durante 1 minuto, hasta que liberen su aroma. Vierte sobre el dal, riega con la leche de coco restante, espolvorea con el cilantro reservado y sirve con las cuñas de lima.

# *Oyakodon:* madre e hijo

**50 ml de aceite de girasol**
**3 cebollas**, cortadas en rodajas de 1 cm de grosor (500 g)
**800 g de contramuslos de pollo deshuesados, sin piel**, cortados en trozos de 4-5 cm
**3 dientes de ajo**, prensados
**30 g de jengibre**, pelado y rallado fino
**150 ml de vino de arroz *shaoxing***
**80 ml de *mirin***
**220 ml de *dashi* (o caldo de pollo)**
**100 ml de salsa de soja**
**6 huevos**
**1-2 cebolletas**, cortadas en juliana fina (50 g)
**10 g de hojas de cilantro**
**1 hoja de alga *nori***, troceada (opcional)

*Para servir*
**arroz de grano corto hervido**
**20 g de jengibre**, pelado y cortado en juliana
***shichimi togarashi***

**En japonés, *oya* significa «padre» o «madre», *ko* quiere decir «hijo» o «hija» y *don* es la abreviatura de *donburi*, que significa «bol». Si los juntamos, el resultado es pura comida para el alma al estilo nipón, tan reconfortante como sugiere la combinación de huevos, arroz y caldo de pollo servida en un bol. La «madre e hijo» —la gallina y el huevo— se cocinan a la vez, lo que permite elaborar este plato sin apenas esfuerzo.** ***Fotografías en las páginas siguientes.***

**Para 4-6 personas**

En una cazuela grande con tapa, calienta el aceite a fuego vivo y saltea las cebollas durante unos 5 minutos, removiendo a menudo hasta que empiecen a volverse transparentes. Añade el pollo y deja que se haga durante 8-10 minutos más, removiendo de vez en cuando. Queremos sellar la carne sin que llegue a tomar color. Añade el ajo y el jengibre, prolonga la cocción un minuto más e incorpora el vino *shaoxing*. Remueve, rascando el fondo de la cazuela para desglasar.

Mezcla el *mirin*, el *dashi* y la salsa de soja y añádelos a la cazuela. Lleva a ebullición, baja el fuego y mantén un hervor suave durante unos 25 minutos, con la cazuela destapada y removiendo de vez en cuando, hasta que el pollo esté tierno.

Remueve los huevos con un cuchillo, rompiendo la yema y la clara de modo que se entremezclen parcialmente. Vierte los huevos sobre la cazuela sin mezclarlos con el resto de los ingredientes: deberían flotar como una balsa sobre la superficie. Deja cocer durante un minuto, tapa la cazuela y prolonga la cocción 2 minutos más, hasta que estén apenas cuajados, formando una membrana veteada de amarillo y blanco.

Apaga el fuego y deja reposar un par de minutos, con la cazuela tapada, antes de espolvorear con la cebolleta, el cilantro y el alga *nori* (opcional).

Reparte el arroz en boles individuales y, con un cucharón, sirve los trozos de pollo y el caldo directamente sobre el arroz hervido, intentando que la membrana de huevo quede arriba. Espolvorea con el jengibre y una buena pizca de *shichimi togarashi*.

PYREX

# Panceta confitada a la soja con huevos y tofu

**600 g de panceta de cerdo**, con la piel, cortada en dados de 2 cm (no separes la grasa de la carne)
**2 cdas de aceite vegetal**
**1 cebolleta**, cortada por la mitad a lo ancho (45 g)
**1 cabeza de ajos**: pela los dientes y cháfalos ligeramente
**15 g de jengibre**, sin pelar y cortado en láminas finas a lo largo
**1 rama de canela**
**2 anises estrellados**
**1 hoja de laurel**
**1 cdta de cinco especias chinas**
**1 ½ cda de vino de arroz *shaoxing***
**60 ml de salsa de soja clara**
**2 cdas de salsa de soja oscura**
**4 huevos**
**2 cdas de sirope de arce**
**1 cda de vinagre de arroz (u otro vinagre blanco)**
**100 g de nubes de tofu frito**, cortadas en dados de 2-3 cm (o 200 g de tofu firme)
**arroz jazmín hervido al vapor, para servir**
**sal y pimienta negra**

*Pepino semiencurtido*
**1 pepino, abierto por la mitad a lo largo,** sin semillas y cortado en láminas finas (200 g)
**2 cdtas de vinagre de arroz**
**2 cdas de *mirin***
**½ cebolleta**, cortada en juliana fina (20 g)
**5 g de hojas de menta**, picadas gruesas
**5 g de hojas de cilantro**, picadas gruesas

Este plato va directo de la cazuela a la mesa y es un clásico en los hogares chinos, donde se sirve con arroz al vapor. La base de soja resulta familiar y gusta a los niños, mientras que la infusión de especias aporta sabor y complejidad. Cocinada a fuego lento, la grasa de la panceta se derrite para crear una emulsión que enriquece la salsa.

*Adelántate:* este plato no sólo puede hacerse uno o dos días antes, sino que mejora con el reposo. Si lo refrigeras, se formará una capa de grasa que puedes retirar antes de recalentarlo.

**Para 4 personas**

Vierte 650 ml de agua en una cacerola mediana, añade la panceta y lleva a ebullición. Mantén un hervor suave durante 5 minutos, retirando la espuma de la superficie. Escurre la carne en un colador apoyado sobre un bol para recoger el líquido de cocción.

Calienta el aceite a fuego alegre en una cazuela refractaria mediana con tapa. Fríe la panceta durante 5 minutos, dándole la vuelta para que se dore bien. Añade la cebolleta, el ajo, el jengibre, la canela, el anís estrellado, el laurel y media cucharadita de pimienta recién molida. Saltea durante un minuto y luego añade las cinco especias y el vino *shaoxing*. Al cabo de unos segundos, añade las dos salsas de soja, media cucharadita de sal y el líquido de cocción de la panceta (debería haber 600 ml). Lleva a ebullición y baja el fuego al mínimo. Tapa y mantén un hervor suave durante unas 2 horas, hasta que la panceta esté muy tierna (la salsa no debe quedar espesa, sino caldosa).

Mientras, pon los huevos en un cazo y cubre con agua fría. Lleva a ebullición y, cuando rompa a hervir, baja el fuego y cuenta 4 minutos. Escurre los huevos y pásalos por agua fría hasta que estén lo bastante templados para pelarlos.

Añade el sirope de arce y el vinagre de arroz a la cazuela de la panceta, remueve y añade el tofu y los huevos duros enteros, incorporándolos con delicadeza, de manera que queden sumergidos. Hierve a fuego lento, con la cazuela semitapada, durante 20 minutos, regando los huevos de vez en cuando con el líquido de cocción. La salsa se reducirá, pero debería seguir siendo caldosa.

Mientras, prepara el pepino semiencurtido. En un bol pequeño, mézclalo con el vinagre de arroz, el *mirin* y ¼ de cucharadita de sal. Justo antes de servir, incorpora la cebolleta, la menta y el cilantro.

Aparta la panceta del fuego y deja reposar durante 10 minutos antes de servir. Las especias no son comestibles, de modo que puedes dejarlas en la cazuela —harán que el plato luzca más— o desecharlas.

# Estofado de calabaza, tamarindo y coco

**80 ml de aceite de girasol (o de coco)**
**1 cdta de semillas de mostaza negra**
**2 cebollas grandes**, picadas finas (400 g)
**5 g de hojas de curri**
**6 dientes de ajo,** prensados
**1 chile jalapeño verde**, picado fino (20 g)
**1 cdta de cúrcuma molida**
**1 cdta de guindilla picante molida**
**1 cdta de pimentón dulce**
**1 ½ cdtas de cilantro molido**
**1 calabaza violín grande**, pelada y cortada en trozos de unos 4 cm (750 g)
**130 ml de pasta de tamarindo tailandesa**, mezclada con 250 ml de agua hirviendo
**150 ml de leche de coco**
**25 g de panela**, rallada gruesa (o azúcar mascabado moreno)
**5 g de hojas de cilantro**, picadas gruesas, para servir
**sal**

Hay un tipo de comida reconfortante para cada estación del año, pero los platos otoñales tienen algo que los vuelve especialmente hogareños y placenteros. En este caso, los tres ingredientes principales se complementan a las mil maravillas: la calabaza aporta el punto dulce, la textura tierna y el color cálido, mientras que el tamarindo le da el toque ácido y el coco la cremosidad. Sirve este estofado otoñal con pan plano (ver pág. siguiente) o *naan*, o bien con un arroz basmati al vapor. *Fotografías en las páginas 166-167.*

*Adelántate:* como suele pasar con los estofados, este plato se conserva bien durante un día o dos y, de hecho, su sabor mejora con el paso de las horas.

**Para 4 personas**

En una cazuela grande con tapa, calienta el aceite a fuego alegre. Saltea las semillas de mostaza y, cuando empiecen a abrirse, añade la cebolla y las hojas de curri. Sofríe durante 20-25 minutos —la cebolla necesita todo ese tiempo para caramelizarse—, removiendo de vez en cuando y bajando el fuego si empieza a agarrarse al fondo de la cazuela. Añade el ajo, el jalapeño y las especias y sofríe durante 2 minutos más, hasta que desprendan su aroma.

Añade la calabaza, el tamarindo disuelto en agua y una cucharadita de sal. Remueve con delicadeza, tapa la cazuela y deja hervir a fuego lento durante 45 minutos, hasta que los trozos de calabaza estén tiernos pero sin que lleguen a deshacerse. Añade la leche de coco y la panela, remueve con delicadeza y prolonga la cocción 5-10 minutos más, con la cazuela destapada, hasta que algunos de los trozos de calabaza empiecen a deshacerse. Espolvorea con el cilantro picado y sirve.

# Pan plano con comino y cilantro

**250 g de harina de trigo**, y un poco más para espolvorear
**50 g de harina de trigo integral**
**1 ¼ cdtas de semillas de comino**, tostadas y ligeramente majadas
**1 ¼ cdtas de semillas de cilantro**, tostadas y ligeramente majadas
**100 g de *ghee* (o mantequilla)**, 50 g cortados en trozos de 2 cm y otros 50 g derretidos, para pintar los panes
**180 ml de agua hirviendo**
**sal**

Preparar pan plano es muy fácil y se hace en un periquete, porque la masa apenas tiene que fermentar y los panes se cuecen rápidamente en una sartén a fuego vivo. En cuanto le cojas el tranquillo, los harás con los ojos cerrados, y son el complemento ideal para un sinfín de platos, porque tan pronto sirven para envolver la comida como para rebañar una salsa o una crema untable. Estos en concreto le van que ni pintados al estofado de calabaza, tamarindo y coco de la página anterior. *Fotografía en la página 167.*

**Salen 6 unidades**

En un bol mediano, mezcla ambas harinas, las especias y ¾ de cucharadita de sal. Mezcla y añade 50 g de *ghee* cortado en dados. Vierte el agua caliente directamente sobre el *ghee*, para que empiece a derretirse. Usando un tenedor, mezcla con delicadeza para humedecer la harina de forma homogénea y amasa con las manos para formar una bola. Devuelve la masa al bol, tapa con un paño de cocina limpio o un envoltorio plástico reutilizable y deja reposar a temperatura ambiente durante por lo menos 30 minutos (o hasta 4 horas).

Divide la masa en 6 piezas del mismo tamaño y dales forma de bola. Tapa y deja que la masa se relaje mientras precalientas la sartén.

Calienta a fuego vivo una sartén antiadherente (o de hierro fundido) de fondo grueso. Deja una rejilla de repostería a mano, cubierta con un paño de cocina.

Trabajando de una en una, extiende las bolas de masa sobre una superficie ligeramente enharinada para obtener discos de unos 20 cm de diámetro.

Cuando la sartén esté muy caliente, cuece el pan durante 2-3 minutos, hasta que se formen burbujas de distinto tamaño en la superficie. Dale la vuelta —debería estar un poco tostado o incluso chamuscado aquí y allá—, píntalo con el *ghee* derretido y prolonga la cocción durante 20-30 segundos más.

Deposita el pan sobre el paño de cocina y dobla las esquinas para envolverlo y mantenerlo caliente. Repite con el resto de la masa y sirve cuanto antes.

# Curri de langostinos y espárragos con cúrcuma fresca

**145 ml de crema de coco**
**1 lata de 400 ml de leche de coco**
**25 g de panela**, picada gruesa (o azúcar de caña rubio)
**20 ml de salsa de pescado**
**500 g de espárragos**, cortados en segmentos de 3 cm (reserva las puntas)
**500 g de langostinos crudos pelados**
**arroz jazmín hervido al vapor**, para servir

*Aderezo de pepino y jengibre encurtidos*
**125 ml de vinagre de arroz (u otro vinagre blanco)**
**80 g de azúcar extrafino**
**½ pepino**, cortado en cuartos a lo largo, sin semillas y luego en láminas finas (200 g)
**20 g de jengibre**, pelado y cortado en juliana
**1 guindilla roja (o 2 chiles ojo de pájaro, si te gusta el picante)**, abierta por la mitad, sin semillas y cortada a lo largo en láminas finas
**10 g de cilantro**: pica los tallos finos y trocea las hojas
**1 lima**, cortada en cuñas, para servir
**sal**

*Pasta de especias*
**5 g de guindilla roja seca** (o más, si lo prefieres)
**½ cdta de pimienta blanca en grano**, tostada y molida gruesa
**2 cdtas de semillas de cilantro**, tostadas y molidas gruesas
**1-2 chalotas**, picadas gruesas (60 g)
**4 dientes de ajo**, picados gruesos
**20 g de tallos de cilantro**, picados gruesos
**10 g de cúrcuma fresca**, pelada y picada gruesa
**1 cda de crema de coco**

Este plato reúne todo lo que se le puede pedir a un curri: que sea colorido (por la cúrcuma), picante y aromático (por la pimienta en grano), sustancioso (por los langostinos) y fresco (por los espárragos). Esta receta recurre a un método de cocción tradicional propio de los curris tailandeses, el «*cracking*», por el que la pasta de especias hierve a fuego lento en la crema de coco durante tanto tiempo que se «corta» y el aceite se separa de los demás ingredientes, creando así la base perfecta para un curri de sabor intenso. Cambia los langostinos por pollo o tofu, o prepara una versión vegetariana con tus hortalizas preferidas, dejando fuera la salsa de pescado.

*Adelántate:* el aderezo queda mejor si se hace la víspera y se guarda refrigerado, pero no añadas las hojas de cilantro hasta el momento de servir.

**Para 4 personas**

Empieza por el aderezo. En un cazo, mezcla el vinagre y el azúcar con 60 ml de agua y ¼ de cucharadita de sal. Lleva a ebullición y mantén un hervor suave durante un minuto, removiendo un par de veces, hasta que el azúcar se disuelva. Aparta del fuego y, cuando se haya enfriado, añade el pepino, el jengibre, la guindilla y los tallos de cilantro. Pasa el aderezo a un recipiente hermético y refrigera.

Para hacer la pasta de especias, pon la guindilla seca en un bol pequeño, cubre con agua hirviendo y reserva unos minutos. Mezcla la pimienta blanca en grano y las semillas de cilantro en un robot de cocina junto con la chalota, el ajo, los tallos de cilantro, la cúrcuma, la crema de coco, la guindilla remojada y una cucharada del líquido de remojo. Tritura hasta obtener una textura homogénea, rebañando las paredes del vaso según sea necesario.

En una cacerola mediana, calienta a fuego alegre los 145 ml de crema de coco. Cuando arranque el hervor, añade la pasta de especias y deja hervir durante 15-20 minutos, removiendo con frecuencia, hasta lograr una textura espesa, cuajada y aceitosa. Añade la leche de coco, el azúcar, la salsa de pescado y ¼ de cucharadita de sal. Remueve con delicadeza, lleva a ebullición y mantén un hervor suave. Añade los tallos de espárrago, hierve durante 4 minutos y luego incorpora los langostinos y las puntas de los espárragos. Prolonga la cocción durante 3-5 minutos más, para que langostinos estén apenas hechos, y sirve.

# Curri de atún con citronela y galanga

**600 ml de leche de coco**
**250 ml de agua**
**450 g de cogollos tiernos de *bok choy***
**450 g de atún en conserva** (en bote o en lata, peso escurrido)

*Pasta de especias*
**2 tallos de citronela**: pica gruesas las partes blancas (25 g) y reserva los tallos leñosos para el curri
**2 chalotas**, picadas gruesas (100 g)
**25 g de jengibre**, pelado y picado grueso
**20 g de galanga**, pelada y picada gruesa (o 10 g adicionales de jengibre)
**20 g de cúrcuma fresca**, pelada y picada gruesa
**3 dientes de ajo**, pelados y enteros
**8 hojas de lima grandes**: retira el nervio central de 4 hojas y reserva las demás, enteras, para el curri
**25 g de azúcar de palma o de caña rubio**
**2 guindillas rojas**, sin semillas y picadas gruesas
**50 g de cilantro**, picados gruesos
**2 cdas de zumo de lima**
**2 cdas de aceite de cacahuete (u otro aceite vegetal)**

*Para servir (opcional: elige los aderezos que quieras)*
***kicap manis* (o salsa de soja dulce)**
**salsa picante de guindilla**
**30 g de chalota frita comprada hecha**
**10 g de hojas de cilantro**, picadas gruesas
**arroz jazmín (o basmati) hervido al vapor**
**1 lima**, cortada en cuñas

Más de uno fruncirá el ceño al leer «atún en lata» y «curri» en la misma receta, pero ¡pruébalo! Helen descubrió esta receta gracias a un ayudante de cocina llamado Andreas que trabajaba en su café de Melbourne. Todos los empleados se turnaban para preparar la comida del personal, y la mayoría de esos platos no salían de la cocina, pero el de Andreas —una especialidad indonesia que aprendió de su madre— era tan bueno que acabó formando parte de la carta del café. *Fotografía en la página siguiente.*

*Haz más cantidad:* Helen y su equipo hacían la pasta de especias (apodada «mejunje para fideos») en grandes cantidades y la tenían siempre a mano para aderezar toda clase de platos. Era la base de los fideos salteados (de ahí el apodo), pero también la mezclaban con la carne picada para hacer hamburguesas de pollo y la incorporaban a la masa de los buñuelos de pescado. Aunque no tengas tu propio café, vale la pena hacer una cantidad generosa de esta pasta de especias para alegrar tus platos.

**Para 4 personas**

Mezcla todos los ingredientes de la pasta de especias en un vaso batidor o robot de cocina, junto con una cucharadita y media de sal y 3 cucharadas de agua. Tritura hasta lograr una pasta homogénea. La textura no será tan fina si lo haces en el robot de cocina, pero también nos vale.

Pasa la pasta a una cazuela grande y añade 250 ml de leche de coco. Lleva a ebullición a fuego alegre, baja el fuego y mantén un hervor suave durante 45-50 minutos, con la cazuela destapada, removiendo de vez en cuando (sobre todo hacia el final), hasta que la salsa espese.

Añade los 250 ml de agua, los 350 ml restantes de leche de coco, los tallos de citronela y las 4 hojas de lima enteras. Remueve, lleva a ebullición y deja hervir la salsa a fuego lento con la cazuela destapada durante 10 minutos, removiendo de vez en cuando.

Mientras, pon al fuego una olla con agua salada y, cuando rompa a hervir, añade el *bok choy*. Hierve durante un minuto, escurre y añade la salsa y el atún. Deja hervir a fuego lento durante 2 minutos, sólo para que todos los elementos se integren. Vierte el curri en boles, sazona con una pizca de sal y riega con un chorrito de *kicap manis* y otro de salsa picante. Espolvorea con la chalota frita y las hojas de cilantro y sirve acompañado del arroz al vapor y las cuñas de lima.

# Pollo al curri con hojas de lima y fideos

**3 cdas de curri malayo en polvo (o curri de Madrás suave en polvo)**
**1 cda de pimentón dulce**
**½ cdta de guindilla en polvo**
**100 ml de agua fría**
**2 cdas de aceite de girasol**
**1 cebolla**, cortada en juliana fina (180 g)
**4 dientes de ajo**, cortados en láminas finas
**10 g de jengibre**, pelado y rallado fino
**15 g de tallos de cilantro**, picados finos (reserva las hojas para servir)
**2 cdtas de *belacan* o pasta de gambas en polvo (o 1 cdta de pasta de gambas fresca, o 2 cdas de salsa de pescado)**
**720 g de contramuslos de pollo deshuesados sin piel,** cortados en trozos de 4-5 cm
**8 hojas de lima fresca**
**500 ml de leche de coco** (si tienes que abrir una segunda lata, puedes congelar lo que sobre)
**15 g de panela**, rallada gruesa (o 2 cdtas de azúcar mascabado moreno)
**sal**

*Para servir*
**120 g de judías verdes finas,** despuntadas y cortadas por la mitad al bies
**100 g de brotes de soja frescos**
**425 g de fideos de huevo frescos gruesos Hokkien**
**20 g de chalotas fritas compradas hechas**

Cada familia malasia tiene su propia versión de este curri. Por lo general, se usan trozos de pollo con hueso, patatas y hojas de curri, y se sirve con arroz al vapor. Nosotros hemos usado hojas de lima en vez de las de curri —le dan un toque luminoso y cítrico, más que terroso— y fideos en vez de arroz. Las sobras están deliciosas al día siguiente, y lo mejor es comerlas sobre una rebanada de pan tostado.

*Nota sobre los ingredientes:* el *belacan* o pasta de gambas en polvo es, de lejos, la forma más fácil de usar este singular ingrediente, pues basta con añadirlo al curri. Sin embargo, suele venderse en forma de pasta, en una terrina pequeña, y en ese caso hay que tostarlo antes de usarlo: envuelve la pasta en papel de aluminio, sellando bien los bordes, y calienta en el horno. Como alternativa, puedes usar salsa de pescado.

**Para 4 personas**

En un bol pequeño, mezcla el curri en polvo, el pimentón dulce y la guindilla en polvo. Añade el agua, remueve para lograr una pasta espesa y reserva.

En un wok o cazuela grande con tapa, calienta el aceite a fuego moderado. Sofríe la cebolla, el ajo, el jengibre y los tallos de cilantro durante 10-12 minutos, removiendo con regularidad, hasta que estén tiernos, pero sin que lleguen a dorarse. Añade la pasta de curri y el *belacan* y deja que se haga durante un minuto, removiendo sin parar. Añade el pollo y las hojas de lima. Sube el fuego a medio-alto y deja hervir durante 5 minutos, removiendo a menudo, hasta que los trozos de pollo queden bien impregnados en la mezcla de especias. Añade suficiente agua fría (unos 300 ml) para cubrir el pollo someramente y baja el fuego a medio-bajo. Mantén un hervor suave, con la cazuela semitapada, durante 40 minutos o hasta que el pollo esté tierno. Incorpora la leche de coco, la panela y 2 cucharaditas de sal. Prolonga la cocción 5 minutos más y aparta del fuego.

Cuando vayas a servir, lleva a ebullición una olla con agua y añade las judías verdes. Blanquéalas durante 3 minutos y, con una espumadera grande, retíralas del agua. Sin apartar la olla del fuego, blanquea los brotes de soja durante 30 segundos y añádelos a las judías verdes. En la misma agua hirviendo, cuece los fideos durante un minuto (o según las instrucciones del paquete, si usas fideos secos) y escurre.

Reparte los fideos entre cuatro boles, vierte por encima el pollo al curri y esparce sobre éste los brotes de soja y las judías verdes. Espolvorea con la chalota frita y sirve cada bol con una cuña de lima aparte.

# Albóndigas de pollo con patatas al limón

*Albóndigas*
**1 cebolleta**, picada gruesa (40 g)
**15 g de hojas de menta**
**15 g de cilantro (hojas y tallos)**
**2 dientes de ajo,** prensados
**500 g de carne picada de pollo**
**1 huevo**, batido
**425 g de patatas Kennebec (u otra variedad harinosa)**, peladas, ralladas finas y escurridas en un paño de cocina limpio (unos 250 g)
**1 cdta de comino molido**
**30 g de pan rallado (o *panko*)**
**2 cdas de aceite de oliva**, para freír
**sal y pimienta negra**

*Salsa de yogur*
**150 g de yogur tipo griego**
**10 g de hojas de menta**
**10 g de cilantro (hojas y tallos)**

*Caldo*
**3 cdas de aceite de oliva**, y un poco más para servir
**1 cebolla grande**, cortada en juliana fina (200 g)
**4-5 ramas de apio:** córtalas en rodajas de 2 cm de grosor (200 g) y pica las hojas gruesas (40 g)
**2 limones**: 2 tiras de peladura y 60 ml de zumo
**550 g de patatas Kennebec (u otra variedad harinosa)**, peladas y cortadas en trozos de unos 3 cm (450 g)
**8 dientes de ajo**, cortados en láminas finas
**½ cdta de cúrcuma molida**
**1 cda de comino molido**
**1 ½ cdtas de canela molida**
**500 ml de caldo de pollo (o agua)**
**1 cdta de azúcar extrafino**
**20 g de cilantro (hojas y tallos)**, picado grueso

Para Yotam, la comida reconfortante tiene forma de albóndiga o, mejor dicho, de pila de albóndigas. La palabra hebrea *ktsitsa* abarca albóndigas, pastelitos, buñuelos y, en general, cualquier cosa picada hasta formar una masa pegajosa que se moldea para darle una forma más o menos esférica y se cocina. Las *ktsitsa* pueden ser vegetarianas o de carne, guisadas o fritas, servidas en un pan pita o en una fuente. Lo importante es la textura esponjosa de las albóndigas gracias a la elasticidad que aporta el almidón (de lo contrario, nada las distinguiría de una hamburguesa). Sirve este plato con arroz, bulgur o cuscús.

*Adelántate:* puedes hacer las albóndigas la víspera, refrigerarlas para que ganen consistencia y cocinarlas al día siguiente. Las sobras quedan estupendas recalentadas (si hace falta, aligera la salsa con un chorrito de agua o caldo).

**Para 4 personas**

Para las albóndigas, tritura la cebolleta, la menta, el cilantro y el ajo en un robot de cocina. Pasa a un bol mediano y añade los demás ingredientes de las albóndigas salvo el aceite, junto con una cucharadita y media de sal y una buena pizca de pimienta. Mezcla bien y, con las manos mojadas, forma 16 bolas de unos 50 g cada una. Refrigera 30 minutos para que ganen consistencia.

Mientras, mezcla todos los ingredientes de la salsa de yogur en el mismo recipiente del robot de cocina. Salpimienta y tritura hasta lograr una textura homogénea. Pásala a un bol y reserva en la nevera.

En una cazuela grande con tapa, calienta 2 cucharadas de aceite a fuego alegre y saltea las albóndigas durante 10 minutos, hasta que se doren. Retira de la cazuela y reserva.

En la misma cazuela, calienta 3 cucharadas de aceite de oliva y sofríe la cebolla, el apio, las peladuras de limón, una cucharadita de sal y una buena pizca de pimienta durante 7 minutos. Añade la patata y el ajo y sofríe durante 7 minutos más, hasta que empiecen a caramelizarse. Agrega las especias y, al cabo de un minuto, añade el zumo de limón, el caldo de pollo, el azúcar y también la hoja del apio. Lleva a ebullición, incorpora las albóndigas al caldo con delicadeza y deja hervir a fuego lento, con la cazuela tapada, durante 25-30 minutos, hasta que estén hechas por dentro y el líquido se haya evaporado un poco. Aparta del fuego, incorpora el cilantro y deja reposar 5 minutos.

Para servir, riega las albóndigas con aceite y una cucharada de salsa de yogur. Sirve el resto aparte.

# Estofado de cordero con alubias y yogur

**2 cdtas de semillas de cilantro**, tostadas y ligeramente majadas
**2 ½ cdtas de semillas de comino**, tostadas y ligeramente majadas
**¼ de cdta de sal marina en escamas**
**800 g de cuello de cordero,** cortado a contrafibra en trozos de unos 2 cm
**60 ml de aceite de oliva**
**2 cebollas**, cortadas a cuartos (285 g)
**2 hojas de laurel**
**1 limón**: pela la piel para obtener 6-7 tiras de peladura y córtalo en cuñas para servir
**6 dientes de ajo**, chafados con la hoja del cuchillo
**4 anchoas**, picadas finas
**1 cda de hojas de tomillo**, picadas finas
**1 cda de hojas de romero**, picadas finas
**250 g de tomates cherry**
**75 ml de vino blanco**
**500 ml de caldo de pollo**
**1 bote de 700 g de alubias blancas**, escurridas y pasadas por agua
**150 g de yogur tipo griego**
**10 g de perejil**, picado grueso, para servir
**sal y pimienta negra**

Para algunos, la clave de una comida reconfortante es su textura, lo que a menudo se traduce en bocados tan tiernos que se deshacen en la boca, como en el caso de este cordero estofado a fuego lento y las cremosas alubias blancas que lo acompañan. Sírvelo con una sencilla ensalada y mucho pan para mojar.

*Adelántate:* puedes dejar este plato listo uno o dos días antes (se beneficiará del reposo) y recalentarlo suavemente antes de servir.

**Para 4 personas**

Precalienta el horno a 170 °C con ventilador.

Mezcla todas las semillas de cilantro y 2 cucharaditas de semillas de comino en un bol pequeño y reserva. En un bol aparte, mezcla el resto de las semillas de comino con la sal marina en escamas y reserva.

En un bol grande, sazona el cordero con media cucharadita de sal y una buena pizca de pimienta.

En una cazuela de hierro fundido grande con tapa, calienta a fuego alegre 2 cucharadas de aceite. Saltea la mitad del cordero —sin llenar demasiado la cazuela— durante unos 6 minutos, dándole la vuelta para sellar la carne. Pasa a una fuente, añade otra cucharada de aceite a la cazuela y repite con el resto del cordero.

Añade la cucharada restante de aceite a la cazuela, baja el fuego y sofríe la cebolla, el laurel, la peladura de limón y el ajo durante unos 6 minutos, removiendo de vez en cuando, hasta que se doren. Incorpora las anchoas, las semillas de cilantro y comino, el tomillo, el romero y la mitad de los tomates. Deja que se haga todo durante un minuto y luego devuelve el cordero a la cazuela. Al cabo de un minuto más, añade el vino. Deja que se evapore durante 30 segundos, añade el caldo y salpimienta. Remueve y lleva a ebullición. Tapa la cazuela y hornea durante 1 ½ horas, hasta que el cordero esté muy tierno y el líquido de cocción haya reducido bastante.

Retira el cordero del horno e incorpora a la cazuela las alubias y el resto de los tomates. Remueve, tapa y hornea durante 20 minutos más. Saca la cazuela del horno y deja reposar durante 15 minutos.

Cuando vayas a servir, remueve el estofado antes de esparcir unas cucharadas de yogur por encima. Espolvorea con la sal de comino y el perejil. Sirve las cuñas de limón aparte.

# Lentejas con salchichas y *crème fraîche* a la mostaza

**300 g de lentejas de Puy secas**
**3 cdas de aceite de oliva**
**600 g de salchichas ahumadas**
**1 cebolla grande**, picada fina (180 g)
**2 ramas de apio**, picadas finas (150 g)
**1 pimiento verde**, sin semillas y cortado en dados de 1 cm (140 g)
**3 dientes de ajo**, prensados
**1 cda de hojas de tomillo**, picadas gruesas
**1 hoja de laurel**
**2 manojos de acelgas:** corta los tallos en dados de 1 cm y trocea las hojas (400 g)
**1 cda de concentrado de tomate**
**2 cdtas de comino molido**
**1 litro de caldo de pollo**
**20 g de perejil**, picado grueso
**50 g de cebolla frita comprada hecha**, para servir (opcional)
**sal y pimienta negra**

Crème fraîche *a la mostaza*
**75 g de *crème fraîche***
**1 ½ cdtas de mostaza de Dijon**
**1 ½ cdtas de mostaza de grano entero**

Esta clásica combinación de lentejas y salchichas suele hacerse con salchichas frescas, pero a nosotros nos encanta usar las ahumadas, pues imprimen su irresistible sabor a todo el plato.

*Adelántate:* las lentejas se conservan bien un par de días, tanto si quieres avanzarte como aprovechar las sobras.

**Para 6 personas**

Lava las lentejas, cúbrelas con abundante agua y ponlas en remojo.

Mezcla todos los ingredientes de la *crème fraîche* a la mostaza y refrigera.

En una cazuela de hierro fundido grande, provista de tapa, calienta a fuego alegre media cucharada de aceite y saltea las salchichas durante 5 minutos, dándoles la vuelta para que se doren bien. Pásalas a una fuente y deja el aceite en la cazuela.

Calienta las restantes 2 cucharadas y media de aceite en la cazuela a fuego moderado y sofríe la cebolla, el apio y el pimiento verde durante 12-15 minutos, removiendo de vez en cuando, hasta que las verduras empiecen a dorarse. Añade el ajo, el tomillo, el laurel, los tallos de acelga (reserva las hojas) y prolonga la cocción 2-3 minutos más. Añade el concentrado de tomate y el comino y deja que se haga un par de minutos más.

Escurre las lentejas e incorpóralas a la cazuela, junto con el caldo, una cucharadita y media de sal y una buena pizca de pimienta. Lleva a ebullición y hierve a fuego lento durante 30 minutos, con la cazuela tapada, hasta que las lentejas estén apenas hechas. Usando una batidora de mano, tritura las lentejas a un lado de la cazuela durante unos 30 minutos, para espesar la salsa. Incorpora las hojas de acelga a la cazuela.

Devuelve las salchichas a la cazuela y deja hervir a fuego lento durante 10 minutos, hasta que las hojas hayan perdido volumen y las salchichas se hayan calentado. Incorpora el perejil y reparte entre seis boles. Esparce por encima una cucharada de *crème fraîche* a la mostaza, espolvorea con cebolla frita (opcional) y sirve.

# Fideos, arroz, tofu

# Fideos de té verde con aguacate y rabanitos encurtidos

**25 g de alga wakame seca (o un envase de ensalada de alga wakame)**
**200 g de cha soba o fideos de té verde (o fideos soba normales)**
**2 cdtas de aceite de sésamo**
**1 aguacate maduro,** pelado y cortado en rodajas
**1 cebolleta, cortada en juliana fina (45 g)**
**10 g de hojas de albahaca**
**1 cda de semillas de sésamo** (la mezcla de sésamo blanco y negro queda genial), tostadas

*Rabanitos encurtidos al sake*
**80 g de rabanitos,** cortados en láminas finas
**2 cdas de vinagre de arroz (u otro vinagre blanco)**
**1 cda de azúcar extrafino**
**2 cdtas de sake (o vino shaoxing)**
**sal**

*Aliño de limón y soja*
**50 ml de zumo de limón**
**50 ml de vinagre de arroz (u otro vinagre blanco)**
**75 ml de salsa de soja clara**
**2 cdas de mirin**
**15 g de jengibre,** pelado y rallado fino
**1 diente de ajo,** prensado

Los fideos fríos resultan tan reconfortantes un día caluroso como los fideos calientes un día frío. El secreto está en la forma de comerlos —sosteniendo el bol con una mano, los palillos con la otra, la cabeza un poco gacha—, en la textura —son resbaladizos y saciantes— y en su manera de recoger e integrar todas las demás texturas y sabores presentes en el mismo bol.

*Adelántate:* puedes dejar hechos de antemano todos los elementos de este plato (los fideos y los rabanitos hasta 2 días antes, el aliño hasta 3 días antes) y refrigerarlos por separado para montar el plato en un santiamén.

*Nota sobre los ingredientes:* el alga *wakame* tiene un interesante sabor marino que contrasta de maravilla con el aguacate. Su textura también es fabulosa: resbaladiza, crujiente y elástica a la vez. Se encuentra con facilidad, pero también puedes usar ensalada *wakame* ya hecha.

**Para 4 personas**

Prepara los rabanitos hasta 2 días (o por lo menos media hora) antes de comerlos. Ponlos en un bol mediano y añade ¾ de cucharadita de sal. Masajea delicadamente con las manos durante un par de minutos y luego incorpora los demás ingredientes. Pasa los rabanitos a un bol o tarro pequeño y refrigera.

Rehidrata el alga *wakame* durante 30 minutos en agua fría (es la mejor opción) o 10 minutos en agua caliente. Una vez rehidratada, escúrrela, desmenuza los trozos más grandes y refrigera.

Mezcla todos los ingredientes del aliño de soja y limón en un tarro grande con tapa de rosca y agita para emulsionar. Refrigera hasta el momento de servir.

Pon al fuego una olla grande con agua. Cuando rompa a hervir, añade los fideos, remueve y cuece durante 3 minutos. Añade suficiente agua fría para cortar el hervor y prolonga la cocción durante 2 minutos más. Escurre los fideos y pásalos por el chorro de agua fría. Vuelve a escurrirlos bien, ponlos en un bol grande y añade el aceite de sésamo, removiendo con las manos para que se impregnen bien. Tapa y refrigera para que se enfríen.

Cuando vayas a servir, desenmaraña los fideos con las manos, riega con el aliño e incorpora los rabanitos escurridos, el *wakame*, el aguacate, la cebolleta y la albahaca. Remueve con delicadeza y pasa los fideos a una fuente de servir con reborde o un bol poco profundo. Espolvorea con las semillas de sésamo tostadas y sirve.

# *Nasi goreng* con gambas y judías verdes

**3 cdas de aceite de cacahuete**, y 60 ml más para freír los huevos
**200 g de judías verdes finas**, despuntadas y cortadas en segmentos de 3 cm
**¼ cdta de azúcar extrafino**
**2 chalotas grandes**, cortadas en aros finos (140 g)
**750 g de arroz de grano largo hervido** (o 3 paquetitos de arroz precocido)
**10 g de hojas de albahaca tailandesa**, y un puñado más para servir
**4 huevos**
**50 g de chalota frita comprada hecha,** para servir

*Kicap*
**1 ½ cdas de zumo de lima**
**1 ½ cdas de salsa de pescado**
**3 cdas de salsa de soja oscura**
**3 cdas de azúcar de caña moreno**
**2 chiles ojo de pájaro**, sin semillas (si lo prefieres) y cortados en rodajas finas
**sal**

*Pasta de especias*
**2 guindillas rojas alargadas poco picantes**, sin semillas y picadas gruesas (unos 25 g)
**1 chalota**, picada gruesa (80 g)
**4 anchoas**
**3 dientes de ajo**, pelados y enteros
**6 hojas de lima grandes**, sin el nervio central, enrolladas y cortadas en juliana fina
**1 cda de azúcar extrafino**
**1 cda de salsa de pescado**
**1 cda de zumo de lima**
**150 g de gambas crudas peladas**

El secreto para triunfar con cualquier plato de arroz frito es usar arroz previamente hervido y frío (y plantarle un huevo frito encima, claro está). Es una manera perfecta de aprovechar las sobras, pero los envases de arroz precocido disponibles hoy en día nos lo ponen aún más fácil: basta pasarlo del envase a la sartén caliente.

*Adelántate:* tanto el *kicap* como la pasta de especias pueden hacerse hasta 3 días antes.

**Para 4 personas**

Mezcla todos los ingredientes de *kicap* en un frasco con tapa de rosca y añade ⅛ de cucharadita de sal. Agita para emulsionar y reserva.

En un robot de cocina, mezcla todos los ingredientes de la pasta de especias salvo las gambas, añade una cucharadita de sal y tritura hasta obtener una pasta. Añade las gambas y tritura para picarlas finas, pero de manera que se noten los tropezones.

Prepara el arroz: calienta a fuego vivo una cazuela o wok grande con tapa. Cuando esté muy caliente, añade una cucharada de aceite, las judías verdes, ¼ de cucharadita de sal y el azúcar. Saltea durante un minuto sin remover demasiado, pues queremos que las judías se chamusquen un poco. Pásalas a una fuente.

Baja el fuego y calienta a fuego alegre las 2 cucharadas de aceite restantes. Saltea la chalota durante 5 minutos, removiendo a menudo, hasta que empiece a caramelizarse. Añade la pasta de especias y deja que se haga durante 5 minutos, removiendo de vez en cuando. Incorpora el arroz hervido (no lo calientes antes) y saltea a fuego alegre durante 5 minutos, removiendo de vez en cuando, para que los granos se impregnen de la pasta de especias. Cuando el arroz empiece a dorarse, añade las judías verdes y la albahaca. Remueve, tapa la cazuela y mantén el arroz caliente mientras fríes los huevos.

Calienta a fuego alegre una sartén antiadherente grande. Añade el aceite y, cuando esté bien caliente, fríe los huevos hasta que se forme una puntilla en los bordes, pero sin que la yema se haga del todo.

Reparte el arroz entre cuatro boles, corónalos con un huevo frito y riega con el *kicap*. Esparce unas hojas de albahaca por encima, espolvorea con la chalota crujiente y sirve.

# Fideos *ramen* exprés con setas

**300 g de hongos de nuez** (*Pholiota adiposa*): despunta los pies, limpia los sombreros de tierra y pártelos en 4-5 trozos
**1 cda de aceite de cacahuete (o de girasol)**
**2 cdas de vino de arroz *shaoxing* (o *sake*)**
**2 nidos de 85 g cada uno de fideos de *ramen* secos instantáneos**
**2 snacks de alga *nori***, para servir

*Salsa de cebolleta*
**1-2 cebolletas**, cortadas en juliana fina (60 g)
**1 diente de ajo**, picado fino
**10 g de jengibre**, pelado y picado fino
**1 cdta de *shichimi togarashi* (o ½ cdta de guindilla común en copos)**
**50 ml de aceite de cacahuete (o de girasol)**
**2 cdas de salsa de soja oscura**
**1 cda de miel fluida**
**1 cda de salsa de pescado**
**1 cda de zumo de lima**

Queríamos titular esta receta «Fideos *ramen* en 10 minutos», pero, por más que lo intentáramos, no logramos hacerlos en menos de 15 minutos, así que se han quedado en «fideos exprés». De todos modos, se preparan en un suspiro y son una auténtica bomba de sabor. Es un plato al que volvemos una y otra vez, y también está delicioso frío.

*Nota sobre los ingredientes:* en este caso, es importante usar salsa de soja oscura: es más espesa, más oscura y menos salada que la salsa de soja común.

**Para 2 personas**

Empieza por la salsa de cebolleta. En un bol refractario pequeño, mezcla la cebolleta, el ajo, el jengibre y el *togarashi*. Calienta el aceite a fuego moderado en una cacerola y, cuando empiece a humear (tardará cerca de 2 minutos), aparta del fuego y vierte enseguida (con mucho cuidado) sobre la cebolleta. Mezcla y deja reposar durante 10 minutos, para que la cebolleta se impregne y se hinche un poco. Añade la salsa de soja, la miel, la salsa de pescado y el zumo de lima. Reserva.

Mientras, pon los hongos de nuez en el robot de cocina y tritura a impulsos intermitentes cerca de diez veces, hasta picarlos finos (pero que conserven algo de textura).

Calienta el aceite a fuego alegre en una cazuela o sartén grande y saltea los hongos durante 12-15 minutos, removiendo a menudo, hasta que estén tiernos, tomen un color más oscuro y hayan perdido buena parte de su humedad. Añade el vino (se evaporará casi al instante) y apaga el fuego.

Lleva a ebullición una olla mediana con agua. Cuando rompa a hervir, añade los fideos y cuece durante 2 minutos (o lo que indique el paquete), hasta que estén apenas hechos. Escurre y añade directamente a los hongos nuez. Remueve con delicadeza y baña los fideos con la salsa de cebolleta.

Reparte entre dos boles. Trocea con los dedos un snack de alga *nori* sobre cada bol y sirve.

# Pescado al jengibre con arroz

**6 filetes de lubina (o filetes finos de otro pescado blanco)**, con la piel, cortados a lo ancho
**1 cdta de maicena**
**1 cda de aceite de sésamo**
**15 g de mantequilla sin sal**
**2-3 cebolletas**: corta las partes blancas y verdes en juliana fina (y resérvalas por separado) (95 g)
**20 g de jengibre**, pelado: la mitad picado fino, la otra mitad cortado en juliana
**2 dientes de ajo**, picados finos
**300 g de arroz jazmín**
**500 ml de caldo de pollo**
**2 cdas de aceite de girasol**

*Salsa de guindilla y jengibre*
**3 guindillas rojas**, sin semillas y picadas gruesas
**2 dientes de ajo**, pelados y enteros
**10 g de jengibre**, pelado y picado grueso
**2 cdas de azúcar extrafino**
**2 cdas de zumo de lima**
**50 ml de agua**
**1 cdta de sal**

*Marinada para el pescado*
**1 cda de vino de arroz *shaoxing* (o *sake*)**
**1 cda de salsa de ostras**
**1 cdta de salsa de soja clara**
**30 ml de agua**
**¾ de cdta de azúcar extrafino**
**sal y pimienta blanca molida**

Este plato de la escuela «topadentro» es una manera fantástica de cocinar el pescado, que se hace con el vapor del arroz. Prepara las dos salsas con antelación y podrás montar el plato en un visto y no visto. Sírvelo con verduras salteadas.

*Adelántate:* puedes hacer la salsa de guindilla y jengibre hasta 3 días antes y guardarla en un frasco con tapa de rosca. Es la misma que usamos para el *cucur udang* (ver pág. 76), con el añadido del aceite de sésamo, por si estás planeando un menú y quieres doblar las cantidades.

**Para 4 personas**

Mezcla todos los ingredientes de la salsa de guindilla y jengibre en un vaso batidor (o robot de cocina) y tritura hasta lograr una salsa fluida. Pasa a un bol y reserva hasta que vayas a servir: te sobrará, pero seguro que lo agradecerás.

Prepara la marinada del pescado. En un bol pequeño, mezcla el vino de arroz *shaoxing*, la salsa de ostras, la salsa de soja, el agua, el azúcar, ¼ de cucharadita de sal y otro tanto de pimienta blanca molida. Remueve hasta que el azúcar y la sal se disuelvan.

Pon el pescado en un bol poco profundo y vierte la marinada por encima. Añade la maicena, remueve para que el pescado se impregne bien y reserva.

Para preparar el arroz, mezcla el aceite de sésamo y la mantequilla en una cazuela grande (de unos 26 cm de diámetro) provista de una tapa que cierre herméticamente. Calienta a fuego moderado y sofríe la parte blanca de la cebolleta, el jengibre picado fino y el ajo durante unos 6 minutos, hasta que estén tiernos y empiecen a caramelizarse. Incorpora el arroz y nacáralo un par de minutos, removiendo, antes de añadir el caldo y una cucharadita de sal. Lleva a ebullición, remueve y baja el fuego al mínimo. Tapa la cazuela y deja hervir durante unos 15 minutos, hasta que el arroz esté apenas hecho. Destapa la cazuela y, trabajando deprisa pero con delicadeza, dispón el pescado por encima del arroz en una sola capa y riega con la marinada restante. Vuelve a tapar la cazuela y hierve durante 12 minutos más, hasta que el pescado esté apenas hecho. Aparta del fuego y deja reposar 5 minutos con la cazuela tapada.

Esparce el jengibre cortado en juliana y las partes verdes de la cebolleta por encima del pescado. Justo antes de servir, calienta el aceite de girasol en un cazo pequeño. Cuando esté muy caliente, viértelo por encima del pescado, la cebolleta y el jengibre (estos últimos se cocerán ligeramente). Sirve el pescado y el arroz con la salsa de guindilla aparte.

# Tofu veraniego con aliño de sésamo y especias

**50 g de semillas de sésamo**
**2 cdas de azúcar extrafino**
**2 dientes de ajo**, picados finos
**100 ml de salsa de soja clara**
**2 cdas de aceite de sésamo tostado**
**1 cda de vinagre negro o Chinkiang (o vinagre de malta)**
**1 cda de *shichimi togarashi***
**½ cebolleta**, cortada en juliana fina (30 g)
**2 bloques de tofu blando**

Aderezos
**¼ de cebolleta**, cortada en juliana fina (10 g)
**unas ramitas de cilantro**
**1 guindilla roja poco picante**, cortada en rodajas finas
**2 cda de chalotas fritas compradas hechas** (si lo prefieres, puedes sustituirlas por cacahuetes o anacardos salados y picados gruesos)

Resbaladiza y resfrescante, esta receta es un bocado ligero pero sabroso, justo lo que apetece un caluroso día estival. Sírvelo como entrante o como plato principal vegano.

*Nota sobre los ingredientes:* el vinagre negro o Chinkiang posee notas dulces y malteadas que aportan complejidad a este sencillo aliño a base de soja, pero el vinagre de malta también quedaría estupendo. Si compras el tofu en un supermercado oriental, habrá una gran variedad. Si ves alguno etiquetado como *soft* (blando), elígelo sin dudarlo, porque se corta mucho mejor que el *silken* o sedoso, que tiende a desmenuzarse.

*Adelántate:* puedes preparar el aliño hasta 3 días antes y guardarlo refrigerado. Si lo haces, tardarás 5 minutos en tener este plato listo.

**Para 4 personas**

Tuesta las semillas de sésamo en una sartén pequeña a fuego lento durante unos 6 minutos, agitando la sartén a menudo, hasta que se doren. Pásalas a un mortero (o picadora), añade el azúcar y maja o tritura las semillas hasta obtener una textura gruesa. En un bol mediano, mézclalas con el resto de los ingredientes, salvo el tofu y los aderezos, para que se integren.

Saca el tofu del envase y pásalo a un bol de servir grande y poco profundo. Córtalo en rectángulos grandes o en dados. Riega con la salsa y espolvorea con la cebolleta, el cilantro, la guindilla y la chalota frita.

# Congee de pollo hervido a fuego lento

*Pollo y caldo*
**1 pollo pequeño** (cerca de 1,1 kg)
**50 g de jengibre**, sin pelar y ligeramente majado
**15 granos enteros de pimienta negra**
**3 chalotas**, peladas y cortadas por la mitad a lo largo (170 g)
**5 dientes de ajo**, sin pelar y ligeramente chafados
**20 g de tallos de cilantro** (reserva las hojas para servir)
**sal**

Congee
**200 g de arroz jazmín**
**2 cdas de aceite de sésamo tostado**
**2 chalotas**, picadas finas (155 g)
**25 g de jengibre**, pelado y rallado fino (1 cda)
**3 dientes de ajo**, prensados
**1,75 litros caldo de pollo** (ver arriba)
**30 ml de salsa de pescado**

*Aderezos (elige los que quieras)*
**1 cebolleta**, cortada en juliana fina (40 g)
**40 g de cebolla frita crujiente, comprada hecha**
**25 g de semillas de sésamo tostadas**
**20 g de hojas de cilantro** (de los tallos usados arriba)
**100 g de brotes de soja**
**1 cdta de pimienta blanca en grano** (no la sustituyas por pimienta blanca molida)
**1-2 guindillas rojas**, cortadas en juliana fina
**aceite de chile picante** (cómpralo hecho o sigue la receta del *rayu* de cacahuete de la pág. 136)
**1 lima**, cortada en cuñas, para servir

**Pocas recetas reúnen más características de la comida reconfortante: la textura tierna del pollo y las gachas de arroz, el caldo que templa el espíritu, el guiso de cuchara. Es el tipo de plato que buscamos cuando el cuerpo nos pide una tregua o un premio, y posee el poder de trasladar a Helen directamente a su infancia. Los niños también lo adorarán (en ese caso, sírvelo sin los granos de pimienta y la guindilla).**

***Adelántate:*** **el *congee* debe comerse recién hecho, pero puedes hervir el pollo y desmenuzarlo la víspera. Tendrás que calentarlo antes de servir, o incorporarlo al *congee* caliente en vez de esparcirlo por encima.**

**Para 4 personas**

En una olla de acero inoxidable o de hierro fundido, coloca el pollo con la pechuga hacia arriba. Añade 3-3 ½ litros de agua, hasta cubrirlo someramente. Añade todos los demás ingredientes del caldo, junto con una cucharadita de sal, y lleva a ebullición. Cuando rompa a hervir, baja el fuego y mantén un hervor suave durante 1 ½ horas. Desespuma y no dejes que el caldo borbotee en ningún momento. Para comprobar si el pollo está hecho, tira con delicadeza de un muslo: debería empezar a desprenderse sin esfuerzo. Apaga el fuego y, con una espumadera grande, saca el pollo del caldo y pásalo a una fuente grande con reborde. Reserva y deja que se atempere.

Pon el arroz en un colador y lávalo hasta que el agua salga transparente. Escúrrelo. En una cacerola grande, calienta el aceite de sésamo a fuego moderado y sofríe la chalota y el jengibre durante unos 5 minutos, removiendo de vez en cuando, hasta que estén tiernos. Añade el ajo y ¼ de cucharadita de sal y rehoga durante 2 minutos más antes de incorporar el arroz. Remueve y luego vierte 1,75 litros del caldo colándolo sobre el arroz (puedes desechar las verduras y usar el caldo restante para otros platos, o bien congelarlo). Hierve el arroz a fuego moderado durante 30 minutos, destapado y removiendo a menudo, hasta que esté tierno y empiece a deshacerse. Debería tener la consistencia de unas gachas de avena. Incorpora la salsa de pescado.

Mientras el *congee* se hace, deshuesa el pollo y desmenuza la carne.

Para servir, reparte el *congee* entre cuatro boles de sopa grandes y esparce por encima el pollo desmenuzado y el resto de los aderezos. Sirve con las cuñas de lima aparte.

# *Mapo tofu* de setas y *kimchi*

**300 g de setas variadas** (una mezcla de hongos de nuez, *shiitake* y setas ostra, por ejemplo): desmenuza los pies y los sombreros en unos 3-4 trozos
**2 cdas de aceite de cacahuete (o de girasol)**
**2 cebolletas**, cortadas en juliana fina (85 g): separa la parte blanca de la verde
**4 dientes de ajo**, picados finos
**20 g de jengibre**, pelado y picado fino
**2 cda de vino de arroz *shaoxing***
**3 cdas de *doubanjiang*** (pasta picante de habas fermentadas)
**1 ½ cdas de salsa de soja clara**
**1 cda de salsa de soja oscura**
**300 ml de caldo vegetal (o agua)**
**1 cda de almidón de patata (o maicena)**, disuelto en 2 cdas de agua
**150 g de *kimchi***, picado grueso
**800 g de tofu blando** (no de la variedad *silken* o sedosa), cortado en dados de unos 3 cm
**2 cdtas de aceite de sésamo tostado**
**½ cdta de pimienta de Sichuan en grano**, tostada y ligeramente majada
**arroz hervido**, para servir

**Una vez que tengas todos los ingredientes cortados, tardarás menos de 15 minutos en poner este plato sobre la mesa. La relación entre el esfuerzo invertido y la sensación que causarás es otro de los alicientes de esta receta, porque su intenso sabor y textura tierna no dejarán a nadie indiferente. El *mapo tofu*, un plato típico de Sichuan, se elabora tradicionalmente con carne picada de ternera o cerdo, que nosotros hemos reemplazado por setas. El resultado es un plato vegano de sabor complejo que debe servirse con abundante arroz jazmín hervido. Las sobras se conservan muy bien durante varios días, así que no dudes en hacer la cantidad indicada, aunque cocines sólo para dos.**

**Según la leyenda, el nombre de este plato se debe a la esposa del dueño de un restaurante que vivió durante la dinastía Qing, a finales del siglo XIX, y que preparaba grandes cantidades de tofu para los porteadores de aceite que estaban de paso en la ciudad. Como tenía el rostro marcado por la viruela, éstos la apodaron *ma po* («mujer con la cara picada»). Cientos de años después, su receta sigue viva.**

**Para 4-6 personas**

Mezcla las setas troceadas en un robot de cocina y tritura unas 10 veces a impulsos intermitentes, hasta picarlas finas.

Calienta el aceite a fuego moderado en una cazuela antiadherente grande y sofríe la parte blanca de la cebolleta junto con el ajo y el jengibre durante 2-3 minutos, hasta que estén tiernos. Añade las setas. Sube el fuego a medio-alto y deja que se hagan durante 8-9 minutos, removiendo de vez en cuando, hasta que las setas estén tiernas y se haya evaporado la mayor parte de su humedad.

Incorpora el vino de arroz *shaoxing*, el *doubanjiang* y ambas salsas de soja. Lleva a ebullición, baja el fuego y deja hervir durante un minuto, removiendo. Añade el caldo, seguido del almidón de patata, y mantén un hervor suave durante un minuto, hasta que espese un poco. Añade el *kimchi* e incorpora el tofu con delicadeza.

Pasa a un bol de servir grande, riega con el aceite de sésamo y espolvorea con la pimienta de Sichuan y la parte verde de la cebolleta.

# Pasta, polenta, patata

# Pasta al pesto con judías verdes y patata

**55 g de hojas de albahaca**
**50 g de piñones**
**1 diente de ajo, prensado**
**100 ml de aceite de oliva**
**40 g de parmesano**, rallado fino
**180 g de judías verdes finas**, despuntadas
**1 limón**: la ralladura fina y 1 cda de zumo
**250 g de *trofie* secos (u *orecchiette* o *cavatelli*)**
**300 g de patatas nuevas**, peladas y cortadas en trozos de unos 2 cm (250 g)
**sal y pimienta negra**

Este plato es la interpretación de nuestra compañera Katja Tausig de una receta clásica de Liguria que combina pasta, pesto, judías verdes y patata. La doble presencia de carbohidratos es el punto reconfortante; marcar las judías verdes a la plancha es el toque inesperado.

**Para 4 personas**

Para hacer el pesto, mezcla 45 g de albahaca en el robot de cocina, junto con los piñones, el ajo, ⅛ de cucharadita de sal y una buena pizca de pimienta. Tritura a impulsos intermitentes, rebañando las paredes del vaso, hasta lograr una pasta gruesa. Con el motor en marcha, añade despacio 80 ml de aceite de oliva hasta formar una emulsión. Añade 30 g de parmesano y tritura un poco más para integrar todos los ingredientes. Reserva.

Calienta una plancha de hierro fundido a fuego fuerte. Sazona las judías en un bol con media cucharadita de aceite y ⅛ de cucharadita de sal. Marca las judías en 2-3 tandas durante unos 5 minutos, dándoles la vuelta para que se chamusquen por igual, hasta que estén tiernas. Aparta del fuego y, cuando se puedan manipular, córtalas por la mitad y pásalas a un bol. Añade el resto del aceite de oliva, la ralladura y el zumo de limón, los 10 g restantes de hojas de albahaca y ⅛ de cucharadita de sal.

Mientras, llena tres cuartas partes de una cacerola mediana con agua y sal y lleva a ebullición. Añade la pasta y, al cabo de unos 5 minutos, incorpora las patatas. Hierve 7 minutos más, hasta que las patatas estén hechas y la pasta al dente. Escurre, reservando 4 cucharadas del agua de cocción. Devuelve la pasta y las patatas a la cacerola, incorpora el pesto y el agua de cocción reservada y mezcla con delicadeza.

Vierte la pasta en un bol grande de servir. Esparce las judías verdes por encima, espolvorea con el parmesano restante y sirve.

# *Orecchiette* con cebolla caramelizada, avellanas y salvia crujiente

**105 ml de aceite de oliva**
**20 g de hojas de salvia**
**2 cebollas**, cortadas en juliana fina (320 g)
**250 g de *orecchiette* secas (o *casarecce*, o conchas pequeñas)**
**700 ml de agua**, a temperatura ambiente
**1 ½ cdas de zumo de limón**
**50 g de avellanas**, picadas gruesas
**sal y pimienta negra**

He aquí una de esas recetas «mágicas» que parecen salir de la nada cuando tienes la despensa bajo mínimos. Es mucho más que la suma de sus partes, lo que la convierte en una rápida y deliciosa cena para los días laborables.

*Dale una vuelta de tuerca:* esta receta admite otros frutos secos —las nueces y las almendras le van especialmente bien—, así que usa lo que tengas a mano.

**Para 4 personas**

Calienta el aceite a fuego alegre en una cazuela de 28 cm de diámetro con tapa. Cuando esté bien caliente, fríe las hojas de salvia durante unos 4 minutos, removiendo a menudo, hasta que tomen una tonalidad más oscura y se vuelvan crujientes. Escurre las hojas en un colador apoyado sobre un bol. Vierte 2 cucharadas de este aceite en una sartén pequeña y reserva.

Devuelve la cazuela al fuego, vierte el resto del aceite infusionado y, cuando esté muy caliente, añade la cebolla. Sofríe durante unos 25 minutos, removiendo a menudo, hasta que esté dorada pero sin que llegue a caramelizarse. Añade la pasta a la cazuela, junto con el agua, una cucharadita y cuarto de sal y media cucharadita de pimienta recién molida. Mezcla bien, tapa y hierve a fuego lento durante 20 minutos, hasta que el líquido se haya absorbido y la pasta esté al dente. Riega con el zumo de limón, espolvorea con una buena pizca de pimienta y reserva.

Calienta a fuego moderado la sartén pequeña con el aceite reservado y saltea las avellanas picadas durante 2-3 minutos, hasta que se doren. Esparce las avellanas y el aceite sobre la pasta, espolvorea con las hojas de salvia fritas y sirve enseguida.

# *Linguine* con mantequilla de miso, *shiitake* y espinacas

**190 g de *linguine* seco (o espagueti)**
**1 cda de aceite de oliva**
**100 g de mantequilla sin sal**, refrigerada, cortada en dados de 2 cm
**1 chalota**, picada fina (75 g)
**150 g de setas *shiitake* frescas**, cortadas en rodajas gruesas
**3 dientes de ajo**, prensados
**50 g de pasta de miso blanco**
**1 cdta de salsa de soja clara**
**1 cda de vinagre negro o Chinkiang (o vinagre de malta)**
**150 g de hojas de espinaca baby**
**sal y pimienta negra**

*Para servir*
***shichimi togarashi* (o guindilla en copos)**
**cuñas de lima o limón**

La mantequilla, el miso y el agua de cocción se combinan para formar una emulsión y recubrir la pasta, creando la más reconfortante de las salsas, cremosa sin necesidad de añadir nata, lo que la hace perfecta para comer entre semana.

*Nota sobre los ingredientes:* el *togarashi* —la mezcla de siete especias japonesa— presta a este plato un aire de cocina fusión, pero puedes conseguir un efecto similar con guindilla en copos y una cantidad generosa de pimienta negra recién molida.

**Para 2 personas**

Lleva a ebullición una cacerola grande con 2 litros de agua. Añade una cucharadita de sal y hierve la pasta hasta que esté al dente. Escurre y reserva 200 ml del agua de cocción.

Mientras, en una cazuela grande, calienta a fuego alegre el aceite y 15 g de mantequilla. Sofríe la chalota durante unos 5 minutos, hasta que esté tierna pero sin que llegue a dorarse. Añade las setas, una buena pizca de pimienta, y sofríe durante 7 minutos, hasta que la humedad se haya evaporado y empiecen a caramelizarse. Incorpora el ajo, el miso, la salsa de soja y el vinagre, y remueve durante unos 30 segundos para que todos los ingredientes se integren. Añade el agua de cocción reservada, mezcla bien y lleva a ebullición. Baja el fuego y, manteniendo un hervor suave pero constante, añade los restantes 85 g de mantequilla dado a dado, removiendo sin parar hasta que la salsa emulsione y espese ligeramente, lo que debería tardar unos 3 minutos.

Devuelve la pasta a la cazuela, remueve durante 30 segundos y añade las espinacas. Agita la cazuela durante un minuto, hasta que las espinacas hayan perdido volumen, espolvorea con una buena pizca de *shichimi togarashi* (o la alternativa de guindilla en copos y pimienta negra recién molida), y sirve con las cuñas de lima o limón aparte.

# *Rigatoni* al ragú blanco

**15 g de setas deshidradatas**, remojadas durante 30 minutos en 250 ml de agua hirviendo
**15 g de mantequilla sin sal**
**1 cda de aceite de oliva**
**1 cebolla**, cortada en brunoise fina (180 g)
**2 zanahorias**, peladas y cortadas en brunoise fina (180 g)
**2 ramas de apio**, cortadas en brunoise fina (100 g)
**400 g de carne picada de ternera**, con 10-15% de grasa
**400 g de carne picada de cerdo**
**300 ml de caldo de pollo**
**360 g de *rigatoni* (o espirales) secos**
**sal y pimienta negra**

*Pasta de patata*
**1 patata Kennebec (u otra variedad harinosa) pequeña**, pelada y cortada en dados (160 g)
**2 dientes de ajo grandes**, picados gruesos
**6 hojas de salvia**, picadas finas
**1 cda de hojas de romero**, picadas finas
**½ cdta de guindilla en copos** (opcional)
**4 anchoas**, picadas gruesas

*Para servir*
**1 cda de ralladura fina de limón** (de 2 limones)
**15 g de perejil**, picado fino
**20 g de parmesano**, rallado fino

**Si preguntamos a cualquier italiano qué es lo que entiende por comida reconfortante, es muy posible que no sepa de qué les estamos hablando. «Toda comida es reconfortante», dirá. Con una gastronomía tan rica en pasta, risottos y polenta, no es para menos. Sin embargo, si entendemos por comida reconfortante la que alimenta el cuerpo y el espíritu a la vez, el *rigatoni* al ragú blanco —un plato típico del norte de Italia que el padre de Yotam preparaba para sus hijos— es un bocado especialmente reconfortante por lo que tiene de sencillo, relajado y reconstituyente. Sírvelo con pasta, como hacemos nosotros, o sobre un lecho de polenta (ver pág. 220). *Fotografía en la página 208.***

**Para 4 personas (porciones generosas)**

Empieza por la pasta de patata. Mezcla en el robot de cocina la patata, el ajo, la salvia, el romero, la guindilla en copos y las anchoas, y tritura hasta lograr una pasta gruesa. Pasa a un bol y reserva. No te preocupes si pierde un poco de color.

Cuela las setas (conserva el líquido), pícalas gruesas y reserva. Cuela el líquido de remojo, desechando cualquier residuo, y reserva también para después.

En una cazuela mediana con tapa, calienta a fuego moderado la mantequilla y el aceite. Cuando esté caliente, pocha la cebolla, las zanahorias y el apio durante 10 minutos, hasta que estén tiernos. Sube el fuego y saltea la carne de ternera y cerdo durante 10-12 minutos, removiendo con delicadeza (no queremos que se deshaga del todo), hasta que se dore. Incorpora la pasta de patata, una cucharadita y media de sal y una buena pizca de pimienta. Deja que se haga durante 2 minutos y añade las setas, junto con el líquido de remojo y el caldo de pollo. Lleva a ebullición, baja el fuego y mantén un hervor suave, con la cazuela semitapada, durante 1 ½ horas, hasta que la salsa espese.

Hierve la pasta en agua salada hasta que esté al dente e incorpórala al ragú. Espolvorea con la ralladura de limón, el perejil y el parmesano.

# La boloñesa de Helen

**75 ml de aceite de cacahuete**
**1 cebolla**, cortada en brunoise fina (180 g)
**1 zanahoria grande**, pelada y cortada en brunoise fina (125 g)
**1 rama de apio**, cortada en brunoise fina (75 g)
**2 anises estrellados**
**1 rama de canela**
**2 hojas de laurel**
**1 ½ cdtas de pimienta de Sichuan en grano**, ligeramente majada
**1 cdta de semillas de hinojo**, ligeramente majadas
**500 g de carne picada de cerdo (o de ternera, o una mezcla de ambas)**
**3 dientes de ajo**, prensados
**40 g de jengibre**, pelado y picado fino
**2 cda de vino de arroz *shaoxing***
**100 g de *doubanjiang* (pasta picante de habas fermentadas)**
**50 ml de salsa de soja clara**
**310 ml de agua**
**1 cda de maicena**
**2 cebolletas**, cortadas en juliana fina (75 g)
**360 g de pappardelle secos**

*Aderezo de pepino*
**1 pepino grande**, cortado en bastones finos (310 g)
**2 cdas de vinagre de arroz**
**1 cdta de miel fluida**
**1 cdta de aceite de sésamo**
**sal**

*Para servir*
**5 g de hojas de cilantro**, troceadas
**1 ½ cdas de semillas de sésamo tostadas**

**Muchos de nosotros nos hemos criado con una versión particular de la pasta boloñesa que se convierte en la norma por la que medimos todas las demás. Quienes estén acostumbrados a la manera italiana o anglosajona de preparar este plato adorarán la boloñesa de Helen. Es una versión adaptada de una salsa para fideos del libro de Carolyn Phillips** *All Under Heaven*, **y buena parte de su complejidad y delicioso sabor provienen del** *doubanjiang*, **una pasta de habas picante hecha con granos de soja, habas y guindilla fermentados. Es un ingrediente clave de buena parte de la cocina de Sichuan y se encuentra fácilmente en los supermercados asiáticos o en internet.** ***Fotografía en la página siguiente.***

**Para 4 personas**

Calienta el aceite a fuego alegre en una cacerola mediana con tapa y sofríe la cebolla, la zanahoria, el apio, el anís estrellado, la rama de canela y las hojas de laurel durante 5 minutos, removiendo a menudo. Añade la pimienta de Sichuan en grano y las semillas de hinojo y sofríe durante 5 minutos más, removiendo de vez en cuando, hasta que las verduras se doren un poco. Aparta la cacerola del fuego y, con una espumadera, pasa las verduras a una fuente, dejando el aceite en la cacerola.

En la misma cacerola, saltea la carne, el ajo y el jengibre a fuego alegre durante 5-7 minutos, removiendo de vez en cuando, hasta que se dore. Añade el vino de arroz *shaoxing*, cocina durante un minuto y luego incorpora el *doubanjiang*, la salsa de soja y 250 ml de agua. Remueve para integrar todos los ingredientes y hierve a fuego medio-bajo con la cacerola semitapada durante unos 25 minutos, removiendo de vez en cuando.

Mientras la salsa se hace, mezcla la maicena con los 60 ml de agua restantes y reserva.

Devuelve las verduras a la salsa, junto con la cebolleta y la maicena disuelta en agua. Deja hervir a fuego lento durante 5 minutos con la cacerola destapada.

Mientras, mezcla en un bol pequeño todos los ingredientes del aderezo de pepino. Sazona con ¼ de cucharadita de sal, mezcla y reserva.

Hierve los pappardelle en agua salada hasta que estén al dente y luego repártelos entre cuatro boles. Vierte por encima la salsa boloñesa y una cucharada del aderezo de pepino. Espolvorea con el cilantro y las semillas de sésamo y sirve con el resto del pepino aparte.

# Albóndigas stroganoff

**500 g de *tagliatelle* secos (o pappardelle, o *linguine*)**
**50 g de mantequilla sin sal**
**2 cdtas de semillas de amapola**

*Albóndigas*
**70 g de pan blanco de la víspera**, sin la corteza y desmenuzado
**100 ml de leche**
**1 cda de aceite de oliva**
**1 cebolla**, picada fina (180 g)
**2 dientes de ajo**, prensados
**500 g de carne picada de cerdo**, con al menos 15% de grasa
**2 cdtas de mostaza de Dijon**
**1 huevo**
**5 g de eneldo**, picado fino
**1 cdta de ralladura fina de limón**
**60 ml de aceite de oliva**, para freír
**sal y pimienta negra**

*Salsa de setas*
**3 chalotas**, cortadas en juliana fina (200 g)
**3 dientes de ajo**, prensados
**50 g de mantequilla sin sal**
**400 g de hongos de nuez pequeños**, cortados en cuartos
**3 cdas de coñac (o brandy)**
**1 ½ cdtas de pimentón picante ahumado**
**1 ½ cdas de concentrado de tomate**
**1 cda de mostaza de Dijon**
**1 cda de salsa Worcestershire**
**650 ml de caldo de ternera**
**150 g de nata agria (o *crème fraîche*)**

*Para servir*
**125 g de pepinillos en vinagre**, picados gruesos
**10 g de eneldo**, picado grueso

Nos encanta el punto suntuoso —y «viejuno»— del stroganoff, pero el solomillo de ternera tal vez no sea la mejor manera de dar de comer a mucha gente, así que lo hemos convertido en un delicioso bol de albóndigas que no sólo cunde más, sino que reconforta y templa el ánimo. Las servimos con pasta de trigo, pero quedarían igual de bien con unos fideos de huevo, arroz, *orzo* o puré de patata.

*Adelántate:* salvo por la pasta, este plato puede dejarse listo la víspera.

**Para 6 personas**

Haz las albóndigas: en un bol grande, remoja el pan en la leche y reserva durante unos 5 minutos.

Calienta el aceite a fuego moderado en una sartén pequeña y sofríe la cebolla durante 8-10 minutos, removiendo de vez en cuando, hasta que esté tierna. Añade el ajo, sofríe un minuto más y luego pasa a un bol mediano. Deja que el sofrito se temple y añádelo al bol del pan remojado, junto con los demás ingredientes de las albóndigas, salvo el aceite de oliva. Salpimienta, amasa y forma 26 bolas de 30 g cada una. Refrigera hasta que vayas a cocinarlas.

En una cazuela grande, calienta a fuego alegre 2 cucharadas de aceite y saltea la mitad de las albóndigas durante 8 minutos, hasta que se doren y estén apenas hechas por dentro, agitando la cazuela para girarlas. Pasa a una fuente, añade 2 cucharadas más de aceite a la cazuela y repite con la otra tanda. Pasa a la fuente y reserva.

Haz la salsa de setas. En la misma cazuela, sin necesidad de lavarla, sofríe la chalota a fuego alegre durante 5-7 minutos, removiendo de vez en cuando, hasta que empiece a caramelizarse. Añade el ajo, sofríe un minuto más y pasa a un bol mediano.

En la misma cazuela, calienta a fuego alegre la mitad de la mantequilla y saltea la mitad de las setas, sazonadas con ¼ de cucharadita de sal, durante unos 6 minutos, resistiendo la tentación de removerlas demasiado, hasta que toda la humedad se haya evaporado y estén bien doradas. Pásalas al bol de la chalota y reserva mientras repites con la segunda tanda de setas.

Devuelve la chalota y las setas a la cazuela y arranca un hervor suave. Añade el coñac y deja que reduzca unos segundos antes de añadir el pimentón, el concentrado de tomate, la mostaza, la salsa Worcestershire y el caldo de ternera. Lleva a ebullición, baja el fuego y hierve a fuego lento durante 15 minutos, hasta que pierda un tercio de su volumen. Incorpora la nata agria, las albóndigas, media cucharadita de sal, una pizca de pimienta y hierve 5 minutos más, hasta que las albóndigas estén hechas por dentro.

Hierve la pasta hasta que esté al dente. Cuela y devuelve a la olla. Añade la mantequilla y las semillas de amapola y remueve delicadamente para que se derrita. Reparte el stroganoff entre seis boles, vierte las albóndigas por encima, espolvorea con los pepinillos picados y el eneldo, y sirve.

# Pollo a la cazuela con *orzo* y *funghi porcini*

**3-4 chiles cascabel (o chiles anchos) secos** (25 g)
**4 ramas de canela**
**30 g de setas *funghi porcini* secas**
**1,1 litros de agua hirviendo**
**1 pollo entero** (1,5 kg)
**2 limones**: 1 cortado por la mitad y el otro en 4 cuñas, para servir
**60 ml de aceite de oliva**
**500 g de apio**, cortado al bies en segmentos de 4 cm
**2 cebollas**, peladas y cortadas en 8 cuñas cada una
**6 dientes de ajo**, cortados en láminas finas
**8 ramitas de tomillo**
**320 g de *orzo* seco**
**5 g de perejil**, picado grueso, para servir
**sal y pimienta negra**

Cocinar el pollo como lo hacemos en esta receta asegura una carne tiernísima, pero lo que más nos gusta es el *orzo*, que absorbe todos los jugos del pollo. Sirve este plato con tu salsa picante preferida.

**Para 4 personas (porciones generosas)**

Precalienta el horno a 180 °C con ventilador.

En una sartén pequeña, saltea los chiles y la canela a fuego alegre durante 8 minutos, hasta que se tuesten y liberen su aroma, y pásalos a un bol grande junto con las setas. Añade el agua hirviendo, tapa con un plato y deja por lo menos 15 minutos en remojo.

Mientras, seca el pollo con papel de cocina y sazónalo con media cucharadita de sal y una buena pizca de pimienta. Introduce medio limón en su interior.

En una cazuela de hierro fundido refractaria grande y provista de tapa, calienta 2 cucharadas de aceite a fuego alegre y dora el pollo por toda su superficie (unos 7 minutos en total). Pasa el pollo a una fuente y añade las dos cucharadas restantes de aceite a la cazuela, junto con el apio y la cebolla. Sofríe durante 6 minutos, hasta que empiecen a dorarse. Añade el ajo y el tomillo y sofríe un minuto más. Devuelve el pollo a la cazuela, con la pechuga hacia arriba, y vierte por encima las setas remojadas y su líquido, así como las hierbas aromáticas, 2 cucharaditas de sal y una buena pizca de pimienta. Lleva a ebullición, tapa la cazuela y hornea durante 50 minutos. Retira del horno e incorpora el *orzo*, introduciendo una parte dentro del pollo. Tapa la cazuela y hornea durante 20 minutos más, hasta que la pasta esté hecha y haya absorbido la mayor parte del líquido.

Sube la temperatura del horno a 200 °C con ventilador, destapa la cazuela y hornea durante 10 minutos o hasta que el pollo se tueste por arriba. Deja que se atempere durante unos 10-15 minutos.

Exprime por encima el otro medio limón, espolvorea el pollo con el perejil y sirve directamente en la cazuela, con las cuñas de limón aparte.

# Lasaña de calabacín e hinojo

**6-7 calabacines** grandes, cortados en rodajas finas (1,5 kg)
**3 bulbos de hinojo grandes,** cortados en rodajas finas (1 kg)
**3 cebolletas**, cortadas en juliana fina (175 g)
**265 ml de aceite de oliva**
**4 dientes de ajo,** prensados
**45 g de alcaparras**, picadas gruesas
**1 ½ cdtas de semillas de hinojo**, tostadas y ligeramente majadas
**50 g de eneldo**, picado grueso
**30 g de perejil**, picado grueso
**1 limón grande**: 1 cdta de ralladura fina y 3 cdas de zumo
**150 ml de caldo vegetal (o agua)**
**½ cdta de miel fluida**
**25 g de semillas de calabaza**, tostadas
**300 g de placas de lasaña fresca**
**sal y pimienta negra**

*Crema de ricotta*
**250 g de ricotta**
**175 g de pecorino romano**, rallado fino
**125 g de mozzarella de búfala**, picada gruesa
**80 ml de nata para montar**

Gracias a Verena, tenemos la lasaña vegetal que todos estábamos esperando. La verdura se asa a fuego lento antes de montar el plato, lo que asegura la intensidad y riqueza de sabores. Por si fuera poco, la crema blanca que une las capas se prepara en un visto y no visto, sin necesidad de cocción. *Fotografía en la página 216.*

**Para 8 personas**

Precalienta el horno a 240 °C con ventilador.

En un bol grande, sazona los calabacines, el hinojo y la cebolleta con 150 ml de aceite de oliva, 2 cucharaditas y cuarto de sal y una buena pizca de pimienta. Esparce en dos bandejas de horno cubiertas con papel vegetal y hornea durante 40 minutos, girando las bandejas y removiendo las verduras a media cocción.

Retira las bandejas del horno y junta las verduras en una sola bandeja. Incorpora el ajo, las alcaparras, las semillas de hinojo, 25 g de eneldo, 20 g de perejil y una cucharada de zumo de limón. Hornea durante 10 minutos más.

Baja la temperatura del horno a 180 °C, añade el caldo a las verduras y deja que se hagan durante 5 minutos más antes de pasarlas a un bol con cuidado. Reserva.

Prepara el pesto. En un robot de cocina, mezcla el eneldo, perejil, zumo y ralladura de limón restantes. Añade 100 ml de aceite, la miel, las semillas de calabaza y ¼ de cucharadita de sal. Tritura y reserva en un bol pequeño.

Para la crema de ricotta, mezcla este queso, 125 g de pecorino y toda la mozzarella en un robot de cocina. Añade la nata y ⅛ de cucharadita de sal y tritura hasta lograr una textura homogénea.

Cubre el fondo de una fuente refractaria de 20 × 30 cm con una fina capa de verduras. Dispón las placas de lasaña por encima (córtalas a la medida de la fuente) y cubre con un tercio de las verduras restantes, seguido de 6 cucharadas de crema de ricotta (espárcelas sobre la superficie) y una cucharada y media de pesto. Espolvorea con media cucharada de pecorino rallado y repite el proceso para formar dos capas más, hasta acabar con la pasta. Esparce la crema de ricotta restante por encima y espolvorea con el pecorino sobrante. Riega con la última cucharada de aceite de oliva y hornea durante unos 40-45 minutos, girando la fuente a media cocción, hasta que se dore. Deja reposar durante 20-30 minutos y sirve con el resto del pesto aparte.

# Lasaña con ragú de salchicha para uno

**1 cda de aceite de oliva**
**4 salchichas frescas**: retira y desecha la piel (250 g)
**1 zanahoria pequeña**, picada fina (50 g)
**1-2 chalotas**, picadas finas (70 g)
**½ cdta de hojas de tomillo**
**10 g de hojas de orégano**
**3 dientes de ajo**, prensados
**1 cdta de semillas de hinojo**, ligeramente majadas
**200 g de tomate triturado en conserva**
**200 ml de agua hirviendo**
**3 placas de lasaña fresca (o seca)** (130 g)
**125 g de mozzarella de búfala**
**sal y pimienta negra**

**Por lo general, pensamos en la lasaña como un plato que se sirve en una fuente grande y se come entre muchos, pero queríamos reivindicarla como un capricho individual, lo que nuestra brillante colega de la cocina de pruebas Chaya Maya bautizó en un artículo para** *The Guardian* **como «mesa para uno». Esta lasaña no tiene nada que envidiar a su hermana mayor, con la ventaja de que se prepara mucho más deprisa (¡y no hay que compartirla con un montón de gente!). No temas quedarte sin esas esquinitas crujientes típicas de la lasaña, porque los pliegues de la pasta favorecen ese efecto. Para una versión vegetariana, cambia las salchichas por** tofu **firme o setas.** ***Fotografía en la página 217.***

**Para 1 persona (y te sobrará)**

En una cazuela pequeña refractaria, calienta el aceite a fuego alegre. Saltea la carne de la salchicha, la zanahoria, la chalota, el tomillo y tres cuartas partes del orégano durante unos 15 minutos, removiendo a menudo y desmenuzando la carne con la cuchara hasta que se dore. Agrega el ajo y las semillas de hinojo y saltea durante 2 minutos, hasta que liberen su aroma. Incorpora el tomate y deja que se haga durante unos 5 minutos, hasta que borbotee. Añade el agua hirviendo, una buena pizca de pimienta y media cucharadita de sal. Baja el fuego y mantén un hervor suave durante 10 minutos, hasta que la salsa espese.

Precalienta el grill del horno a la máxima potencia.

Lleva a ebullición una cacerola mediana con 1 litro de agua y media cucharada de sal. Cuando rompa a hervir, cuece las placas de lasaña durante 2 minutos (o 6-8 minutos, si son de pasta seca). Escurre y reserva.

Corta las placas de lasaña por la mitad e incorpóralas al ragú. Deja hervir a fuego lento durante 2 minutos, removiendo de vez en cuando, hasta que la pasta esté en su punto y bien recubierta de salsa. Con una cuchara, levanta y acomoda las placas formando pliegues, como si fueran pañuelos arrugados. Desmenuza la mozzarella con las manos y espárcela entre los pliegues y por encima de la lasaña.

Gratina durante unos 6 minutos, hasta que el queso burbujee y las placas de lasaña se tuesten aquí y allá.

Retira del horno, espolvorea con el orégano restante y sirve.

# Cazuela de pasta con tomate y berenjena

**60 ml de aceite de oliva**
**2 berenjenas**, cortadas en cuartos a lo largo, y cada cuarto por la mitad a lo ancho (500 g)
**350 g de tomates cherry**, la mitad cortada en rodajas y la otra mitad entera
**400 g de pulpa de tomate en conserva**
**1 cdta de orégano seco**
**20 g de hojas de albahaca, troceadas a mano**, y un poco más para servir
**6 dientes de ajo**, cortados en láminas finas
**1 guindilla roja**, cortada por la mitad a lo largo, pero con el pedúnculo intacto
**2 cdas de concentrado de tomate**
**1 cdta de azúcar extrafino**
**100 g de mantequilla sin sal**, cortada en dados de 2 cm
**250 g de *fusilloni* secos (u otra pasta, como por ejemplo *paccheri*)**
**400 ml de agua hirviendo**
**10 g de perejil**, picado grueso
**40 g de parmesano**, rallado fino
**sal y pimienta negra**

Con esta receta le damos una vuelta de tuerca a la interpretación que nuestra antigua compañera Noor Murad hizo en su día de la icónica salsa de tomate y mantequilla de Marcella Hazan. La clave está en la mantequilla: resulta que cocinar los tomates a fuego lento en casi medio paquete de mantequilla da como resultado la más reconfortante y deliciosa de las salsas. Curiosamente, no es demasiado «mantequillosa», sino tan sólo tersa, sedosa y exuberante. Si tienes hijos que, como los de Tara, aún no creen en las bondades de la berenjena asada, el plato queda igual de bien sin ella.

**Para 4 personas**

Precalienta el horno a 200 °C con ventilador.

En una cazuela refractaria grande provista de tapa, sazona la berenjena con el aceite, una cucharadita de sal y una buena pizca de pimienta. Remueve para que se impregne bien y acomódala con el lado de la piel hacia abajo. Hornea durante 30 minutos, hasta que la berenjena se dore y empiece a tostarse aquí y allá.

Agrega a la cazuela todos los demás ingredientes salvo el perejil y el parmesano, ¾ de cucharadita de sal y una buena pizca de pimienta. Remueve y hornea durante 30 minutos más, con la cazuela tapada, hasta que el tomate se haya reducido y la pasta esté tierna. No te preocupes si no queda totalmente cubierta de líquido en esta fase.

Cuando la pasta lleve 30 minutos en el horno, remueve y prolonga la cocción durante 10-15 minutos más, con la cazuela destapada, hasta que la salsa recubra la pasta y empiece a agarrarse aquí y allá. Deja reposar durante 10 minutos. Espolvorea con el perejil, el parmesano y las hojas de albahaca reservadas y sirve.

# Pavo a la salvia con polenta

**250 g de pechugas de pavo (o pollo) sin piel**
**1 ½ cdas de harina de trigo (o de arroz)**
**1 ½ cdas de aceite de oliva**
**30 g de mantequilla sin sal**
**10 hojas de salvia**
**1 diente de ajo**, prensado
**100 ml de vino blanco seco**
**1 hoja de laurel**
**2 cdas de alcaparras**, picadas gruesas
**1 limón**: 1 cdta de ralladura fina y 1 cda de zumo
**50 ml de caldo de pollo (o agua)**
**5 g de perejil**, picado fino
**sal y pimienta negra**

*Polenta cremosa*
**125 ml de leche**
**90 g de polenta instantánea**
**15 g de parmesano**, rallado fino

Fue Lily, la hermana de Helen, quien le dio a probar este plato por primera vez, y desde entonces siempre se lo pide cuando va a cenar a su casa. Inspirándose en una receta de Jill Dupleix que usa pollo en vez de pavo, Lily lo sirve con pappardelle o un puré de patatas. El secreto de la salsa está en el vino y la mantequilla, que le aportan complejidad de sabor y una textura suntuosa.

**Para 2 personas**

Coloca las pechugas de pavo entre dos hojas de papel vegetal y aplánalas con el rodillo de cocina hasta dejarlas lo más delgadas posible (idealmente, unos 3 mm de grosor). A continuación, rasga las pechugas en pequeños «jirones» de unos 4 cm. En una fuente grande, mezcla la harina con ¼ de cucharadita de sal y una buena pizca de pimienta. Enharina los jirones de pavo, asegurándote de que quedan bien rebozados.

En una sartén grande, calienta el aceite a fuego vivo y saltea las hojas de salvia durante un minuto, hasta que estén crujientes. Pasa a una fuente cubierta con papel vegetal. Devuelve la sartén al fuego y añade los jirones de pavo en una sola capa. Dóralos durante 2 ½ minutos, dándoles la vuelta para que tomen un poco de color, pero sin que lleguen a hacerse del todo. Pásalos a una fuente y reserva.

Agrega el ajo a la sartén y saltea durante unos segundos. Añade el vino, la hoja de laurel y las alcaparras y lleva a ebullición a fuego vivo. Deja hervir durante 2 minutos, hasta que reduzca un poco. Agrega ralladura y el zumo de limón, el caldo de pollo y los 15 g de mantequilla restantes. Lleva a ebullición, remueve, deja hervir un minuto y después incorpora el pavo a la sartén junto con el perejil, una pizca de sal y otro tanto de pimienta. Remueve y aparta del fuego, pero deja el pavo en la sartén para que siga calentándose con el calor residual mientras preparas la polenta.

Vierte la leche en un cazo pequeño. Agrega 250 ml de agua y calienta a fuego vivo. Cuando rompa a hervir, vierte la polenta en forma de lluvia, removiendo sin parar, hasta que espese y tenga una textura homogénea (unos 5 minutos). Por último, incorpora el parmesano, junto con ¼ de cucharadita de sal y un poco de pimienta recién molida.

Reparte la polenta entre dos boles poco profundos y vierte el pavo por encima. Desmenuza con las manos las hojas de salvia fritas, esparce sobre los boles y sirve.

# Polenta al horno con calabacín y *harissa* verde

**550 g de calabacines**, cortados al bies en trozos de 3-4 cm (500 g)
**3 cdas de aceite de oliva**
**1 limón**: 8 tiras de peladura fina
**450 ml de caldo de pollo (o agua)**
**300 ml de leche**
**1 diente de ajo**, prensado
**150 g de polenta instantánea**
**100 g de parmesano**, rallado
**75 g de mantequilla sin sal**
**125 g de queso taleggio (o reblochon),** desmenuzado
**5 g de cebollino**, cortado en segmentos de 2-3 cm, para servir
**sal y pimienta negra**

Harissa *verde*
**2 pimientos verdes** (275 g)
**1 cebolleta** (40 g)
**2 guindillas verdes**
**3 dientes de ajo**, pelados y enteros
**20 g de perejil**, picado grueso, y un poco más para servir
**20 g de cilantro**, picado grueso
**1 ½ cdtas de semillas de comino**, tostadas y ligeramente majadas
**1 ½ cdtas de semillas de cilantro**, tostadas y ligeramente majadas
**1 limón**: 1 cdta de ralladura fina y 1 ½ cdas de zumo
**1 cdta de sirope de arce**
**90 ml de aceite de oliva**
**¾ de cdta de sal**

He aquí un magnífico plato principal vegetariano, que puedes servir con una sencilla ensalada de hojas verdes, pero también funciona a las mil maravillas como guarnición. Si tienes cerca a alguien que come sin gluten, no dejes de probarla.

**Para 4 personas**

Precalienta el horno a 220 °C con ventilador.

Empieza por la *harissa*. Calienta una plancha de hierro fundido a fuego vivo hasta que esté muy caliente y marca los pimientos durante unos 20 minutos, hasta que se arruguen y se chamusquen por fuera. Pásalos a un bol, tapa con un plato y reserva para que acaben de hacerse con el vapor. Repite con la cebolleta y las guindillas verdes (3 minutos para la primera, 5 para las segundas) y, por último, marca los dientes de ajo durante un par de minutos. Cuando estén lo bastante fríos para manipularlos, pero todavía templados, pela los pimientos y quítales las semillas. Pica la pulpa gruesa y pásala a un robot de cocina. Pica gruesas la cebolleta y las guindillas y agrégalas al robot de cocina junto con los demás ingredientes de la *harissa* verde. Tritura hasta obtener una textura homogénea, pásala a un bol y reserva.

Mientras, dispón las rodajas de calabacín en una bandeja de horno junto con el aceite, la mitad de las peladuras de limón, media cucharadita de sal y una generosa pizca de pimienta. Hornea durante unos 25 minutos, removiendo un par de veces durante la cocción, hasta que estén dorados y tiernos por dentro. Retira del horno.

Para la polenta, calienta a fuego vivo el caldo, la leche, el ajo y las peladuras de limón restantes en una cacerola mediana. En cuanto arranque el hervor, vierte la polenta en lluvia fina mientras remueves. Baja el fuego y mantén un hervor suave durante cerca de 3 minutos, removiendo sin parar, hasta que la polenta espese, pero conserve una consistencia tierna. Aparta del fuego e incorpora el parmesano, la mantequilla, ¾ de cucharadita de sal y una pizca de pimienta. Esparce la polenta sobre una fuente refractaria redonda y poco profunda de unos 24 cm de diámetro, formando una capa uniforme. Reparte el taleggio por encima y hornea durante 15 minutos, hasta que el queso se dore y burbujee.

Incorpora la mitad de la *harissa* al calabacín y mezcla. Vierte por encima de la polenta y espolvorea con el perejil y el cebollino reservados. Sirve con el resto de la *harissa* aparte.

# Ensalada de patata de Verena

**500 g de Red Pontiac o Spunta (u otras variedades cerosas, aptas para cocer)**
**75 ml de aceite de oliva**
**1 cebolla pequeña**, picada fina (125 g)
**1 diente de ajo**, prensado
**175 ml de caldo de pollo**
**2 cdtas de mostaza de Dijon**
**2 cdas de vinagre de sidra de manzana**
**½ cdta de pimienta negra en grano**, majada gruesa
**15 g de cebollino**: pica 10 g finos y corta el resto en segmentos de 1 ½ cm
**75 g de panceta ahumada**
**1 cdta de pimentón dulce**
**¼ de pepino**, abierto a lo largo, sin semillas y cortado en dados de ½ cm (100 g)
**sal**

Verena, que se crió en Alemania, recuerda dos tipos de ensalada de patata: la de mayonesa y la de aceite y caldo. Ésta pertenece al segundo grupo, más habitual en el sur de Alemania, concretamente en Suabia y Baviera. Es menos pesada y grasienta que la de mayonesa, y saca su cremosidad de la fécula que sueltan las patatas al reposar un par de horas en el caldo caliente. Nos alejamos un poco de la tradición al añadir panceta (¿por qué no?) y añadimos un toque fresco con el pepino picado.

**Para 4 personas**

Pon las patatas en una cacerola mediana con tapa y cúbrelas con agua. Añade una buena pizca de sal y lleva a ebullición. Cuando rompa a hervir, baja el fuego, tapa la cacerola y mantén un hervor suave durante 20-25 minutos, hasta que estén apenas hechas. Escurre y, cuando estén lo bastante frías para manipularlas, pela las patatas y córtalas en rodajas de ½ cm de grosor. Reserva en un bol mediano.

En una cazuela mediana, calienta 2 cucharadas de aceite a fuego moderado y sofríe la cebolla durante 12-15 minutos, removiendo de vez en cuando, hasta que se caramelice. Añade el ajo y el caldo, lleva a ebullición y aparta del fuego. Agrega la mostaza, el vinagre, una cucharadita y cuarto de sal, la pimienta y otras 2 cucharadas de aceite. Remueve para mezclar todos los ingredientes y vierte sobre las patatas. Mezcla con delicadeza, pero a conciencia: las patatas quedarán ensopadas y algunas se romperán, pero no pasa nada. Deja reposar durante 2 horas, para que absorban cerca de la mitad del caldo, e incorpora el cebollino picado.

Mientras, limpia bien la cazuela con papel de cocina y caliéntala a fuego alegre. Añade la panceta, baja un poco el fuego y fríe durante unos 10-12 minutos, removiendo de vez en cuando, hasta que esté crujiente. Con una espumadera, pasa la panceta a una fuente cubierta con papel vegetal (deja una cucharada de grasa en la cazuela) y reserva. Cuando esté fría, pica la panceta en trocitos.

Añade la cucharada de aceite restante a la grasa de la cazuela, junto con el pimentón dulce. Remueve durante unos 30 segundos, hasta que desprenda su aroma, y aparta del fuego.

Incorpora el pepino a la ensalada de patata y pásala a una fuente de servir. Espolvorea con la panceta picada y el cebollino reservado. Riega con el aceite aromatizado y sirve.

# Patatas nostálgicas al estilo indonesio

**1 chalota**, picada gruesa (60 g)
**6 dientes de ajo**, pelados y enteros
**2 tallos de citronela** (sólo la parte blanca), picados gruesos (25 g)
**1 chile ojo de pájaro** (esta variedad pica bastante, así que prescinde de ella si lo prefieres)
**2 guindillas rojas**, sin semillas y picadas gruesas
**2 cdas de kétchup**
**2 cdas de zumo de lima**
**100 ml de agua**
**75 ml de aceite de cacahuete (o de girasol)**
**2 cdas de azúcar de palma picado grueso (o azúcar extrafino)**
**100 g de mayonesa**
**1 kg de patatas para asar** (una variedad harinosa, como la Monalisa o la Kennebec), sin pelar y cortadas en cuñas de 3 cm
**5 g de hojas de cilantro**, para servir
**sal**

**Cuando vivía en Melbourne, Helen frecuentaba un popular café indonesio que servía bandejas de tubérculos cortados en dados a hordas de estudiantes indonesios que aplacaban así la nostalgia de su país natal. Ella siempre dio por sentado que eran boniatos bañados en una salsa dulce, pegajosa y picante, y no fue hasta que se mudó a Londres (y empezó ella también a echar de menos su hogar) cuando descubrió que en realidad eran patatas hervidas y luego salteadas en una pasta de especias. He aquí nuestro homenaje a este manjar para nostálgicos.**

***Adelántate:* puedes hacer la pasta de especias una semana antes y guardarla en la nevera. Una vez asadas, conviene comer las patatas cuanto antes.**

**Para 4 personas, como tentempié**

Precalienta el horno a 220 °C con ventilador.

Mezcla los primeros ocho ingredientes en un vaso batidor (o usa una batidora de mano) y tritura hasta lograr una pasta homogénea.

En una cazuela antiadherente pequeña, calienta una cucharada de aceite a fuego moderado y cocina la pasta de especias durante unos 30 minutos, removiendo a menudo (sobre todo hacia el final), hasta que espese y se vuelva más oscura. Añade el azúcar y prolonga la cocción unos minutos más, para que se disuelva y caramelice. Aparta del fuego, pasa un tercio de la pasta a un bol pequeño y, cuando esté templada, incorpora la mayonesa. Reserva en la nevera hasta que vayas a servir. Deja el resto de la pasta en la cazuela.

Mientras, dispón las patatas en una bandeja de horno grande cubierta con papel vegetal. Añade los 60 ml restantes de aceite y una cucharadita de sal. Con las manos, mezcla bien y espárcelas en una sola capa. Tapa con papel de aluminio, sellando bien los bordes, y hornea durante 25 minutos. Retira el papel de aluminio, remueve las patatas y sigue horneando, sin tapar, durante 25 minutos más. Remueve otra vez a media cocción para que se doren bien. Añade el resto de la pasta de especias, removiendo para recubra bien las patatas, y hornea durante unos 5-10 minutos más, hasta que se tuesten.

Pasa las patatas a una fuente de servir y espolvorea con las hojas de cilantro. Sirve con la mayonesa especiada aparte, para mojar.

# Patatas asadas crujientes con romero y *za'atar*

**2,5 kg de patatas Monalisa o Kennebec (u otra variedad harinosa)**, peladas y chascadas en trozos de 4-5 cm
**2 cdas de sal de mesa**
**3 ramas grandes de romero**: 1 entera y las otras dos picadas finas
**150 ml de aceite de girasol**
**2 cdas de harina de arroz** (no del tipo glutinoso)
**1 cdta de sal marina en escamas**
**2 cdas de *za'atar***

**Ninguna lista de las diez comidas más reconfortantes del mundo estaría completa sin las patatas asadas, y todos tenemos algún truquillo que hace que las nuestras sean las mejores. Nuestro secreto es la harina de arroz (la sémola de trigo también valdría), que las vuelve extracrujientes por fuera. Para acentuar aún más este efecto, chasca las patatas en trozos irregulares —cuantas más aristas, mejor— y blanquéalas con bastante antelación. Cuanto más secas estén, ¡más crujientes quedarán!**

**Para 6-8 personas, como guarnición**

Pon las patatas en una cacerola grande y cubre con agua fría. Añade la sal y la rama entera de romero y lleva a ebullición. Baja el fuego a medio-alto y hierve durante 10-15 minutos, o hasta que puedas atravesar las patatas con un cuchillo afilado. Escurre bien, desecha el romero y devuelve las patatas a la cacerola seca. Reserva durante por lo menos 15 minutos.

Precalienta el horno a 220 °C con ventilador.

Vierte el aceite en una bandeja de horno grande y hornea durante 10 minutos, para que se caliente. Echa la harina de arroz sobre las patatas y rebózalas removiendo con delicadeza hasta que queden recubiertas y sus aristas disimuladas. Con cuidado, añade las patatas a la bandeja del aceite caliente, procurando que no salpique. Con una espátula, espárcelas delicadamente. Hornea durante 50 minutos, removiéndolas a media cocción, hasta que estén bien doradas y crujientes. Añade el romero picado, remueve con delicadeza y hornea durante 3 minutos más. Por último, retira las patatas del horno y sazónalas con la sal en escamas y el *za'atar*. Remueve y pásalas a una fuente grande de servir.

# *Aligot* al ajo con puerro y tomillo

**4 puerros grandes**, cortados en rodajas de 1 cm de grosor (560 g)
**4-5 chalotas**, peladas y cortadas a cuartos (300 g)
**1 cabeza de ajos**: pela los dientes y májalos ligeramente
**60 ml de aceite de oliva**
**1 manojo de cebolletas**, cortadas en cuartos (250 g)
**1 ½ cdas de hojas de tomillo**, picadas
**75 g de mantequilla sin sal**
**350 ml de nata para montar**
**100 ml de leche**
**3 ramitas de romero**
**2-3 ramitas de tomillo**
**1,2 kg de patatas Monalisa o Kennebec**, peladas y chascadas en trozos de 3 cm (1 kg)
**1 ½ cdas de mostaza de Dijon**
**250 g de queso comté**, rallado grueso
**120 g de queso cheddar**, rallado grueso
**5 g de cebollino**, picado fino
**sal y pimienta negra**

*Aderezo*
**15 g de mantequilla sin sal**, derretida
**20 g de *panko***

**La textura cremosa del puré de patata, el toque aterciopelado del queso fundido, el delicioso sabor de los *alliums* cocinados a fuego lento con hierbas aromáticas... ¡cómo no íbamos a incluir este plato en un libro de comida reconfortante!**

**Para 8 personas**

Precalienta el horno a 210 °C con ventilador.

Dispón el puerro, la chalota y la mitad de los dientes de ajo sobre una bandeja de horno cubierta con papel vegetal. Riega con 3 cucharadas de aceite y añade ¾ de cucharadita de sal y un poco de pimienta. Remueve bien y hornea durante 20 minutos. Agrega la cebolleta, el tomillo picado, la cucharada restante de aceite y una buena pizca de pimienta molida. Remueve y hornea durante 15 minutos más, hasta que se dore. Reserva.

Prepara el aderezo mezclando la mantequilla derretida y el *panko* en un bol pequeño. Reserva.

Prensa los dientes de ajo restantes y ponlos en una cacerola pequeña provista de tapa, junto con la mantequilla, la nata, la leche y las ramitas de romero y tomillo. Calienta a fuego moderado y, justo antes de que arranque el hervor, apaga el fuego, tapa y reserva para que se infusione.

Coloca las patatas en una cacerola grande con tapa y cúbrelas someramente con agua. Añade 2 cucharaditas de sal y luego lleva a ebullición. Hierve durante 20-25 minutos, con la cacerola semitapada, hasta que las patatas estén tiernas. Escurre, devuelve las patatas a la cacerola y prénsalas (o pásalas por el pasapurés) hasta que no queden grumos.

Calienta la crema de ajo infusionado (puedes desechar las hierbas aromáticas). Aparte, calienta el puré de patata a fuego lento e incorpora la crema de ajo en tres tandas. Remueve con una cuchara de palo hasta que se integren completamente y añade la mostaza. Añade el queso en varias tandas y remueve con ganas hasta lograr una textura reluciente, sedosa y elástica. Salpimienta y vierte el *aligot* en una fuente refractaria grande.

Precalienta el grill del horno a fuego medio-alto y esparce los puerros y demás *alliums* sobre el *aligot*. Espolvorea con el aderezo de *panko* y gratina durante 5 minutos, hasta que empiece a tostarse. Decora con el cebollino y sirve.

# Pastel de patata y salmón con hinojo

**200 ml de leche**
**425 ml de nata para montar**
**2 anchoas**, picadas finas
**3 dientes de ajo**, ligeramente prensados con la piel
**1 limón**: pélalo en tiras de peladura fina
**2 cdtas de semillas de hinojo**, majadas finas
**850 g de patatas Kennebec (o patatas rojas)**, peladas y cortadas en rodajas de ½ cm de grosor (700 g)
**1-2 bulbos de eneldo grandes**, cortados en láminas finas (300 g)
**4 yemas de huevo**
**10 g de ramitas de eneldo**, picadas gruesas
**20 g de cebollino**, picado fino
**20 g de hojas de perejil**, picadas finas
**1 ½ cdas de mantequilla sin sal**, en pomada
**200 g de salmón ahumado en lonchas**, desmenuzado a mano
**sal y pimienta negra**

*Salsa de limón y mantequilla*
**2 cdas de zumo de limón**
**2 cdtas de alcaparras**, picadas gruesas
**40 g de mantequilla sin sal**, refrigerada y cortada en dados

**Este plato nace de una receta de *laxpudding* o pastel de salmón que Yotam publicó hace algún tiempo en *The Guardian*. Es la comida reconfortante por excelencia en Noruega, donde los más puristas lo riegan con abundante mantequilla derretida y lo acompañan con pan de corteza crujiente, ensalada y cerveza. El hinojo le da un toque marmolado al conjunto que nos gusta visualmente y aligera el pastel sin mermar su naturaleza reconfortante. Sírvelo como plato principal y no te olvides de la ensalada (el pan y la cerveza son cosa tuya).**

**Para 4 personas**

Precalienta el horno a 170 °C con ventilador.

Mezcla en un cazo la leche, la nata, las anchoas, el ajo, las peladuras de limón y las semillas de hinojo majadas. Cuece a fuego muy lento durante 10 minutos, sin dejar que rompa a hervir, removiendo de vez en cuando y presionando los sólidos para que desprendan su sabor. Aparta del fuego.

En una cacerola mediana, cubre las rodajas de patata y el hinojo con agua fría y sal. Lleva a ebullición y hierve durante 6-7 minutos, hasta que estén apenas hechas. Escurre y reserva.

En un bol grande, bate las yemas de huevo con ¾ de cucharadita de sal y una buena pizca de pimienta. Cuela la leche infusionada sobre las yemas, exprimiendo los sólidos en la malla del colador. Bate la mezcla resultante para que se integren todos los ingredientes.

Mezcla todas las hierbas aromáticas en un bol. Aparta 2 cucharadas en otro bol para la salsa de mantequilla y reserva por separado.

Engrasa una fuente refractaria de unos 26 cm de diámetro con media cucharada de mantequilla. Esparce un tercio de las patatas sobre el fondo y sazona con pimienta. Espolvorea con la mitad de las hierbas aromáticas y cubre con la mitad del salmón ahumado. Repite con la mitad de las patatas restantes y la pimienta, todo el salmón restante y el resto de las hierbas aromáticas. Cubre con una última capa de patatas y vierte por encima la leche infusionada. Espolvorea con pimienta y esparce la cucharada restante de mantequilla sobre la superficie. Hornea durante 45 minutos, hasta que la capa superior cuaje y se dore. Retira del horno y deja reposar 10 minutos.

Mientras, calienta el zumo de limón en un cazo a fuego alegre hasta que rompa a hervir. Deja que hierva durante un minuto y añade poco a poco las alcaparras y la mantequilla. Bate con unas varillas hasta lograr una textura homogénea y cremosa, aparta del fuego e incorpora las hierbas aromáticas reservadas y una pizca de pimienta. Vierte por encima del pastel y sirve caliente.

# Patatas rellenas de berenjena y salsa verde de tahina

**4 patatas de asar grandes, sin pelar**: pincha la piel con un tenedor
**1 ½ cdtas de aceite de oliva**
**chutney de mango (o salsa *amba*)**, para servir
**sal y pimienta negra**

*Col lombarda semiencurtida*
**1 cda de azúcar extrafino**
**½ cdta de pimienta negra en grano**
**125 ml de agua**
**125 ml de vinagre de vino blanco**
**200 g de col lombarda**, cortada en juliana fina

*Berenjenas*
**850 g de berenjenas** (2-4, según su tamaño)
**60 ml de aceite de oliva**
**1 cdta de comino molido**
**½ cdta de cúrcuma molida**

*Salsa verde de tahina*
**15 g de hojas de menta**, y unas pocas más para servir
**25 g de hojas de perejil**
**2 dientes de ajo**, pelados y enteros
**1 cdta de comino molido**
**1 guindilla verde**, sin semillas
**50 ml de zumo de limón**
**150 g de tahina**
**100 ml de agua fría**

**Esta receta nos supuso todo un reto: ¿Cómo lograr que fuera tan apetecible y sustanciosa como lo son las patatas rellenas tradicionales —gracias, en buena medida, a una ingente cantidad de cheddar rallado y mantequilla— y al mismo tiempo vegana? La respuesta es: ¡con tahina! La crema de sésamo es tan cremosa de por sí que resulta perfecta para enriquecer cualquier plato vegano. Estas patatas recuerdan un poco al** *sabih*, **el pan pita relleno de berenjena que Yotam comía de niño, lo que las vuelve doblemente reconfortantes.**

**Para 4 personas**

Empieza por la lombarda. En una cacerola pequeña, vierte el agua y añade el azúcar, la pimienta en grano y 2 cucharaditas de sal. Lleva a ebullición y deja hervir a fuego lento durante un minuto, removiendo. Aparta del fuego y reserva durante 10 minutos. Cuela el líquido sobre un bol mediano (puedes desechar la pimienta) y añade el vinagre. Sumerge la lombarda en este líquido, tapa y refrigera. Puedes dejar este paso hecho 3 días antes.

Precalienta el horno a 200 °C con ventilador.

Dispón las patatas en una bandeja de horno cubierta con papel vegetal, salpimienta, riega con el aceite y hornea en la parte inferior del horno durante 1-1 ¼ horas, hasta que estén hechas por dentro y la piel se haya arrugado.

Mientras, con un pelador de verduras, pela las berenjenas a lo largo intercalando tiras de piel y pulpa. Córtalas en dados de unos 3 cm, pásalas a un bol grande y sazónalas con el aceite, el comino, la cúrcuma, una cucharadita de sal y una pizca de pimienta. Mezcla y esparce sobre una bandeja cubierta con papel vegetal. Colócala en la parte superior del horno y asa la berenjena durante 40 minutos, removiendo un par de veces, hasta que se caramelice.

Para la salsa verde de tahina, mezcla todos los ingredientes en un vaso batidor junto con una cucharadita de sal y una pizca de pimienta. Tritura hasta lograr una textura homogénea y vierte en un bol.

Cuando las patatas estén hechas, haz un corte en forma de cruz en el centro de cada una. Con un paño de cocina limpio, exprime la patata ligeramente desde abajo para que la pulpa sobresalga por la abertura. Vierte una buena cucharada de salsa de tahina por encima, seguida de la berenjena. Escurre la col lombarda y deposita un puñadito sobre la patata. Espolvorea con unas hojas de menta troceadas y sirve con el chutney de mango y el resto de la salsa de tahina aparte.

# Empanadas, pastas saladas, pan

# *Boureka* con espinacas

**50 ml de aceite de oliva**
**50 g de mantequilla sin sal**, derretida
**7 láminas de masa filo de buena calidad** (270 g)
**1 cdta de semillas de sésamo**
**1 cdta de semillas de ajenuz**

*Relleno*
**1 cda de aceite de oliva**
**15 g de mantequilla sin sal**
**1 cebolla**, picada fina (150 g)
**1 diente de ajo,** prensado
**500 g de hojas de espinaca congeladas**, descongeladas y bien escurridas (200 g)
**1 cebolleta pequeña**, cortada en juliana fina (30 g)
**20 g de eneldo**, picado
**1 cdta de menta seca**
**30 g de piñones**, tostados y picados gruesos
**1 huevo**, ligeramente batido
**125 g de feta**, desmenuzado
**125 g de ricotta**
**sal y pimienta negra**

*Salsa de tahina*
**80 g de tahina**
**60-75 ml de agua**
**1 cda de zumo de limón**
**1 diente de ajo, prensado**
**1/8 de cdta de comino molido**

*Salsa de tomate y* harissa
**2-3 tomates**, picados (200 g)
**25 g de *harissa* de rosas**
**1 cda de aceite de oliva**

*Para servir (opcional: elige los aderezos que quieras)*
**huevos duros**
**pepino cortado a rodajas**
**aceitunas verdes**

La *boureka* es una especialidad que acompaña a Yotam desde la infancia, en todas las formas y tamaños imaginables, con toda suerte de rellenos. Era un plato habitual en las reuniones familiares y se dejaba sobre la mesa para que los comensales se sirvieran con las manos. También es una forma estupenda de apañar un desayuno o *brunch*, servida con una selección de aderezos: huevos duros, pepino en rodajas, aceitunas verdes, feta desmenuzado. Nosotros la acompañamos con dos de nuestras salsas preferidas —de tahina y de tomate fresco—, pero puedes cambiarlas a tu gusto. *Fotografías en las páginas siguientes.*

*Adelántate:* puedes montar la *boureka* la víspera y dejarla en la nevera, lista para hornear.

**Para 6 personas**

En una sartén mediana, calienta el aceite y la mantequilla del relleno a fuego moderado. Sofríe la cebolla durante 10 minutos, removiendo de vez en cuando, hasta que esté tierna y empiece a dorarse. Añade el ajo, sofríe durante 2 minutos más y pásalo todo a un bol grande. Incorpora las espinacas y deja que la mezcla se atempere antes de agregar los demás ingredientes del relleno junto con 3/4 de cucharadita de sal y una pizca de pimienta. Mezcla bien y reserva.

Precalienta el horno a 180 °C con ventilador.

Forra con papel vegetal una bandeja de horno de 38 × 25 cm.

Para montar la *boureka*, mezcla en un bol pequeño los 50 ml de aceite y la mantequilla derretida. Tendrás que trabajar deprisa para que la masa filo no se seque.

Extiende una lámina de masa filo sobre una superficie de trabajo amplia y limpia, con el extremo más corto vuelto hacia ti. Moja un pincel de cocina en la mezcla de aceite y mantequilla y pinta una franja de 5 cm a lo largo del borde derecho del rectángulo. Extiende otra lámina de masa de manera que se solape con la franja pintada y que el borde izquierdo de la segunda lámina quede pegado al borde derecho de la primera. Repite con una tercera lámina. Cuando tengas las tres láminas de masa pegadas entre sí (ver imagen en la página 240), pinta toda la superficie con la mezcla de aceite y mantequilla.

Dejando un borde de 5 cm libre en la base y los lados de la masa filo, esparce la mitad del relleno de espinacas formando una capa larga y delgada a lo largo de la base. Enrolla la masa con delicadeza por encima del relleno para formar un cilindro largo, doblando los bordes hacia dentro cuando lleves cerca de un cuarto de la masa enrollada, para sellar los extremos. Repite todo el proceso con otras tres láminas de masa y el resto del relleno de espinacas.

Empezando con uno de los cilindros y trabajando sobre una hoja de papel vegetal, enróscalo sobre sí mismo para formar una espiral (no te preocupes si la masa se resquebraja; podrás remendarla después). Pega el extremo del segundo cilindro al final de la espiral y enróscalo del mismo modo para ampliar la espiral. Traslada la hoja de papel vegetal con la *boureka* a una bandeja de horno. Usa la lámina restante de masa filo para remendar la masa allí donde sea necesario y pinta generosamente con la mezcla de aceite y mantequilla restante. Espolvorea con las semillas de sésamo y ajenuz y hornea durante unos 50-60 minutos, hasta que se dore y tueste ligeramente. Con cuidado, pasa la *boureka* a una rejilla deslizándola sobre el papel vegetal y deja que se atempere durante 20 minutos.

Mientras, prepara las dos salsas (y cualquier otro aderezo). Mezcla todos los ingredientes de la salsa de tahina en un bol pequeño junto con ¼ de cucharadita de sal y bate para lograr una textura homogénea, añadiendo un poco de agua, si es necesario, hasta obtener la consistencia de la nata para montar. Mezcla todos los ingredientes de la salsa de tomate en un robot de cocina junto con ¼ de cucharadita sal y tritura hasta lograr una textura homogénea.

Sirve la *boureka* acompañada de las salsas y aderezos.

# Pastitas de cebolla y queso

**250 ml de agua tibia**
**1 cda de azúcar extrafino**
**1 sobrecito de levadura seca de panadero** (7 g)
**350 g de harina de fuerza**, y un poco más para espolvorear
**150 g de queso cheddar curado**, rallado
**175 g de mantequilla sin sal**, en pomada
**1 cebolleta**, picada gruesa (50 g)
**1 cda de semillas de amapola**
**sal y pimienta negra**

Estas pastitas trasladan a Verena a las vacaciones familiares en un camping escocés, a un lugar llamado Nairn, cerca de Inverness. Como os dirá cualquiera que haya acampado allí, a menudo hay que correr para refugiarse de la lluvia, y esos ratos se pasan mejor cuando se tiene a mano un bocado tan reconfortante como estas pastitas que su madre compraba para el desayuno y servía untadas con mantequilla y mermelada. Las *Aberdeen butteries* son unas pastas saladas y hojaldradas que recuerdan un poco a los cruasanes y se elaboran con manteca de cerdo (nosotros la hemos sustituido por mantequilla y cebolleta). Son perfectas para acompañar un bol de sopa caliente o para desayunar. La tienda de campaña y la lluvia son opcionales. *Fotografías en las páginas siguientes.*

*Adelántate:* si quieres hornear las pastitas recién hechas, encontrarás las instrucciones abajo. También puedes congelarlas una vez horneadas y recalentarlas antes de servir.

**Salen 12 pastitas**

En el bol de una batidora eléctrica con el gancho amasador acoplado, mezcla el agua, el azúcar y la levadura y reserva durante 5-10 minutos, hasta que empiece a burbujear. Agrega la harina, una cucharadita y cuarto de sal y amasa a velocidad media-alta durante 7-10 minutos, hasta lograr una masa homogénea y elástica. Con las manos ligeramente engrasadas, forma una bola y reserva en el bol tapado, a temperatura ambiente, cerca de una hora o hasta que haya doblado su tamaño. Si la preparas con antelación, puedes refrigerar la masa en un recipiente hermético hasta el día siguiente.

En un robot de cocina, mezcla la mitad del queso, la mantequilla, la cebolleta, ¼ de cucharadita de sal y una buena pizca de pimienta. Tritura hasta lograr una masa homogénea, pásala a un bol y reserva a temperatura ambiente.

Pasa la masa fermentada a una superficie limpia y enharinada. Extiéndela para formar un rectángulo de 26 × 40 cm y, con el lado más corto vuelto hacia ti, usa el dorso de una cuchara para esparcir un tercio de la mantequilla sobre los dos tercios superiores del rectángulo de masa. Dobla el tercio inferior sobre la parte engrasada y luego dobla el tercio superior por encima de ese primer doblez, como si fuera una carta. Deberías tener un rectángulo de unos 25 × 15 cm. Gira la masa de manera que el lado más corto quede vuelto hacia ti, cubre con un paño de cocina limpio y deja reposar durante 20 minutos. Repite con la mantequilla y los dobleces dos veces más, girando la masa y dejándola reposar 20 minutos entre repeticiones.

Una vez hecho el último doblez, deja reposar la masa 15 minutos y vuelve a extenderla para formar un rectángulo de 26 × 40 cm. Córtala en dos y divide cada mitad en seis rectángulos más pequeños para

obtener 12 trozos en total. Repártelos entre dos bandejas de horno cubiertas con papel vegetal, tapa con un paño limpio y deja reposar unos 20-30 minutos o hasta que hayan crecido. (Si preparas la masa con antelación, espolvorea las pastitas con el queso restante y las semillas de amapola, cubre la bandeja con papel de aluminio sellando bien los bordes —sáltate los 20-30 minutos finales de fermentación— y refrigera. Al día siguiente, saca las bandejas de la nevera y retira el papel de aluminio. Deja que las pastitas se atemperen mientras precalientas el horno a 200 °C con ventilador. Hornea como se indica abajo, dándoles 3 minutos más de cocción.)

Precalienta el horno a 200 °C con ventilador.

Reboza los dedos en harina y húndelos en cada pastita para crear unos hoyuelos. Esparce por encima los 75 g restantes de cheddar y espolvorea con las semillas de amapola.

Hornea durante 15 minutos, da la vuelta a las bandejas y hornea unos 3-5 minutos más, hasta que las pastitas se inflen y doren. Pasa a una rejilla, deja que se atemperen durante 10 minutos y sírvelas tibias.

# Rollitos de salchicha en hojaldre con miel y mostaza

**¼ de cdta de pimienta blanca en grano**
**¼ de cdta de pimienta negra en grano**
**1 cdta de semillas de cilantro**
**2 cdtas de semillas de alcaravea**
**1 ¼ de cdtas mejorana (o tomillo)**
**¾ de cdta de jengibre molido**
**1 cdta de macis molido (o nuez moscada)**
**½ cdta de mostaza inglesa en polvo**
**50 g de *pretzels* salados**, desmenuzados
**60 ml de leche**
**1 huevo**, batido (reserva media cucharada para pintar)
**1 cda de aceite de oliva**
**30 g de mantequilla sin sal**
**2 cebollas**, cortadas en dados de 1 cm (325 g)
**2 cdtas de azúcar de caña moreno**
**350 g de carne picada de cerdo** (o de salchichas frescas sin piel)
**15 g de cebollino**, picado fino
**1 paquete de masa de hojaldre fresca de mantequilla 100 %** (320 g)
**harina de trigo**, para espolvorear
**sal**

*Salsa de miel y mostaza*
**3 cdas de mostaza amarilla**
**1 ½ cdas de mayonesa**
**1 cda de miel fluida**
**15 g de cebollino**, picado fino

**Para reconocer una receta de Verena, la mantequilla y la masa hojaldrada son pistas infalibles, al igual que la mostaza. Estos rollitos lo confirman: se inspiran en las salchichas al estilo alemán —ahí están las especias típicas del *bratwurst*, la salsa de mostaza y los *pretzels*— y son la prueba irrefutable de que todo mejora si se envuelve en una buena masa de hojaldre.**

***Adelántate:* puedes dejar los rollitos hechos la víspera y refrigerarlos (o congelarlos y hornearlos más adelante).**

**Para 6 personas**

En una cazuela mediana, tuesta a fuego alegre la pimienta en grano, las semillas de cilantro y una cucharadita de semillas de alcaravea durante 1 minuto, hasta que desprendan su aroma. Pasa a una picadora o mortero y tritura hasta lograr un polvo semifino. Añade las especias restantes junto con la mostaza en polvo y ¾ de cucharadita de sal y reserva.

En un bol, mezcla los *pretzels*, la leche y el huevo. Reserva para que se empapen.

En la misma cazuela, calienta a fuego alegre el aceite y la mantequilla y sofríe la cebolla, junto con ¼ de cucharadita de sal, durante 15 minutos, removiendo a menudo, hasta que esté tierna y empiece a caramelizarse. Añade el azúcar y sofríe 5 minutos más, removiendo de vez en cuando, hasta que se caramelice del todo. Reserva.

Añade la carne picada de cerdo al bol de los *pretzels*, junto con el cebollino, las especias y la cebolla caramelizada. Mezcla bien.

Mezcla todos los ingredientes de la salsa y reserva. Precalienta el horno a 200 °C con ventilador.

Extiende la masa de hojaldre sobre una superficie enharinada. Córtala por la mitad a lo largo para formar dos tiras de unos 11 ½ × 38 cm. Esparce la mitad de la carne picada a lo largo del centro de cada tira de hojaldre. Levanta uno de los bordes largos de una tira y dóblalo sobre la carne. Pincela el borde libre con el huevo batido reservado y pégalo sobre el otro borde, solapándolos para sellar el rollito. Repite con la otra tira de hojaldre y coloca los rollitos con las juntas hacia abajo. Pinta con el huevo batido, espolvorea con las semillas de alcaravea restantes y haz unos cortes diagonales en la parte superior de cada rollito, cada 2 cm aproximadamente. Coloca los rollitos sobre una bandeja de horno grande cubierta con papel vegetal y hornea durante 32-35 minutos, dando la vuelta a la bandeja a media cocción, hasta que se doren.

Retira del horno y deja enfriar durante 15 minutos antes de cortar los rollitos en 12 porciones. Sírvelos calientes o a temperatura ambiente, con la salsa de miel y mostaza aparte.

# Empanadillas de patata, queso y *chermoula*

**500 g de patatas Monalisa o Kennebec (u otra variedad harinosa)**, peladas y cortadas en dados de 1 cm
**3 cebollas**, picadas gruesas (500 g)
**2 dientes de ajo**, sin pelar
**2 cdtas de comino molido**
**1 ½ cdtas de aceite de oliva**
**40 g de mantequilla sin sal**, cortada en dados
**75 g de aceitunas verdes deshuesadas**, picadas gruesas
**4 ½ cdas de *chermoula* comprada hecha**
**200 g de queso cheddar curado, rallado**
**20 g de cilantro**, picado grueso
**1/2 cebolleta**, cortada en juliana fina (30 g)
**4 cdas de *crème fraîche***
**2 ½ porciones de masa con queso crema (ver pág. 254)** (o 3 paquetes de 350 g de masa de hojaldre fresca de mantequilla)
**harina de trigo**, para espolvorear
**1 huevo**
**1 ½ cdtas de semillas de ajenuz**, para espolvorear
**sal y pimienta negra**

**Estas empanadillas son nuestra interpretación de un pastel de patata y cebolla con queso cuyo sabor alcanza una nueva dimensión gracias a la *chermoula*, una poderosa salsa magrebí que nos encanta. Prueba a usarla para sazonar verduras antes de hornearlas. *Fotografías en las páginas siguientes.***

**Haz todas las empanadillas, aunque sólo vayas a comer unas pocas de entrada. Pueden congelarse hechas y luego hornearlas congeladas. En ese caso, añade 5 minutos al tiempo de cocción.**

**Salen 12 empanadillas**

Precalienta el horno a 190 °C con ventilador.

En una bandeja de horno grande cubierta con papel vegetal, mezcla la patata, la cebolla y el ajo. Sazona con el comino, el aceite, una cucharadita y media de sal y una buena pizca de pimienta. Hornea durante 35-40 minutos, removiendo un par de veces, hasta que la patata esté hecha por dentro y dorada por fuera. Deja que se atempere y pasa a un bol. Añade las aceitunas, la *chermoula*, el cheddar, el cilantro, la cebolleta y la *crème fraîche*. Mezcla y reserva.

Corta la masa por la mitad, refrigera una de las mitades y extiende la otra sobre una superficie enharinada para lograr un rectángulo de 50 × 30 cm y 2-3 mm de grosor. Con un aro de repostería de 18 cm de diámetro (o un plato), recorta cuatro discos de masa y colócalos sobre una bandeja de horno cubierta con papel vegetal. Refrigéralos mientras repites con el resto de la masa. Amasa y extiende los retales de masa para obtener cuatro discos más.

Baja la temperatura del horno a 180 °C con ventilador.

Bate el huevo en un bol pequeño. Coge los primeros cuatro discos de masa y deposita poco menos de 100 g de relleno en el centro de cada uno. Pinta la mitad del borde de masa con el huevo batido y dobla ese lado del disco sobre sí mismo para cerrar la empanadilla. Sella los bordes haciendo un repulgue con los dedos o pinzándolos con los dientes de un tenedor, pinta con el huevo batido y espolvorea con las semillas de ajenuz. Con un cuchillo, haz tres cortes de 1 cm para que liberen vapor. Refrigera mientras repites con los demás discos.

Dispón un máximo de seis empanadillas por cada bandeja de horno cubierta con papel vegetal y hornea durante 30-35 minutos, dando la vuelta a las bandejas a media cocción, hasta que se doren. Deja que se atemperen antes de pasarlas a una rejilla. Sírvelas tibias o a temperatura ambiente.

# Empanada de ternera, ajo negro y *baharat*

**3 cdas de aceite de oliva**
**15 g de mantequilla sin sal**, y 10 g más para engrasar el molde
**2 cebollas**, cortadas en dados de 1 cm (250 g)
**2 ramas de apio**, cortadas en dados de 1 cm (140 g)
**1 zanahoria** grande, pelada y cortada en dados de 1 cm (100 g)
**2 dientes de ajo,** prensados
**2 patatas Monalisa o Kennebec (u otra variedad harinosa)**, peladas y cortadas en dados de 1 ½ cm (200 g)
**200 g de nabos comunes (o ¼ de nabo morado)**, pelados y cortados en dados de 1 ½ cm (200 g)
**800 g de carne picada de ternera**, con 10-12% de grasa
**1 ½ cdas de *baharat***
**1-2 tomates**, picados (200 g)
**1 cda de concentrado de tomate**
**50 g de ajos negros**, picados gruesos
**2 hojas de laurel**
**1 cda de vinagre de vino tinto**
**2 ½ cdas de harina de trigo**, y un poco más para espolvorear
**600 ml de caldo de ternera**
**75 g de aceitunas verdes deshuesadas**
**1 paquete de masa quebrada fresca** (320 g)
**1 paquete de masa de hojaldre fresca de mantequilla 100%** (320 g)
**1 huevo**, ligeramente batido
**sal y pimienta negra**

El tradicional pastel de carne australiano (conocido como *Four'n Twenty pie*) es una de las primeras cosas que Helen busca cuando vuelve a casa para visitar a la familia. Y no es la única: según la Wikipedia, ¡cada día se fabrican en Australia 21.000 pasteles de carne por hora! Está claro que hay algo más en juego que la nostalgia. He aquí nuestro homenaje al *Four'n Twenty*, al que hemos dado una vuelta de tuerca con el *baharat* y el ajo negro.

*Adelántate:* puedes dejar la carne preparada uno o dos días. Sácala de la nevera y deja que se atempere antes de incorporarla a la empanada. Una vez horneada, lo mejor es comerla el mismo día.

**Para 6-8 personas**

En una cacerola mediana de fondo grueso con tapa, calienta a fuego alegre 2 cucharadas de aceite y mantequilla y sofríe la cebolla, el apio y la zanahoria durante 10-12 minutos, removiendo de vez en cuando, hasta que las verduras estén tiernas y empiecen a dorarse. Añade el ajo, la patata y el nabo, sofríe 5 minutos más y pásalo todo a un bol.

Sube el fuego, añade la cucharada restante de aceite y saltea la carne durante 10 minutos, desmenuzándola con una cuchara de palo y removiendo hasta que se dore. Incorpora el *baharat*, el tomate, el concentrado de tomate, el ajo negro, el laurel, una cucharadita y media de sal y una pizca de pimienta. Deja que se haga durante 2-3 minutos, removiendo de vez en cuando. Agrega el vinagre y deja que se reduzca unos segundos antes de incorporar la harina. Devuelve las verduras a la cacerola y remueve para integrar todos los ingredientes. Vierte el caldo por encima, lleva a ebullición, tapa la cacerola y deja hervir a fuego lento durante 30 minutos, y luego 30 minutos más semitapada, removiendo de vez en cuando, hasta que la salsa espese y adquiera un aspecto glaseado. Aparta del fuego e incorpora las aceitunas. Deja que se atempere y refrigera.

Precalienta el horno a 190 °C con ventilador. Unta con mantequilla la base y los lados de un molde desmontable de 23 cm de diámetro. Introduce una bandeja de horno grande en el centro del horno para que se caliente.

En una superficie ligeramente enharinada, extiende la masa quebrada de manera que sobresalga unos centímetros del molde. Con un rodillo de cocina, traslada la masa al molde y presiona con las manos para que se adhiera a la base y las paredes del molde (tal vez tengas que cortar la masa sobrante en algunos puntos y pegarla en otros). Vierte el relleno en el molde, apilándolo ligeramente en el centro, de manera que quede hueco para formar el repulgue de los bordes.

Vuelve a enharinar la superficie de trabajo y extiende el hojaldre con delicadeza para que alcance a cubrir toda la empanada. Deposítalo sobre el relleno, presionando contra las paredes del molde para sellar los bordes de ambas masas. Corta el sobrante, dejando un reborde de 2 cm. Enrolla o dobla ese reborde hacia dentro y, con un tenedor ligeramente enharinado, presiona contra las paredes del molde para hacer el repulgue.

Pinta la empanada con huevo batido, espolvorea con pimienta y, usando un cuchillo afilado, haz unas pequeñas incisiones en el centro para que el vapor se escape. Coloca la empanada sobre la bandeja de horno caliente y hornea durante 1-1 ¼ horas, hasta que la masa esté dorada y crujiente y el relleno empiece a burbujear a través de las incisiones. Si ves que se tuesta demasiado, tapa con papel de aluminio hacia el final de la cocción. Retira del horno y deja que se atempere durante 15 minutos antes de desmoldar y servir.

# *Rugelach* de puerro y queso al *za'atar*

*Masa con queso crema*
**160 g de harina de trigo**, y un poco más para espolvorear
**¼ de cdta de levadura en polvo**
**40 g de parmesano**, rallado fino
**125 g de mantequilla sin sal**, recién sacada de la nevera y cortada en cubos de unos 3 cm
**125 g de queso crema**, recién sacado de la nevera
**1 huevo pequeño**, ligeramente batido con una pizca de sal, para pintar
**sal y pimienta negra**

*Relleno*
**1 cda de aceite de oliva**
**2 puerros pequeños**, cortados en juliana fina (300 g)
**1 cdta de ralladura fina de limón**
**70 g de feta**, desmenuzado
**1 cda de queso crema**
**2 cdtas de *za'atar***, y 1 cda más para servir
**100 g de queso cheddar**, rallado fino, y unos 30 g más para servir

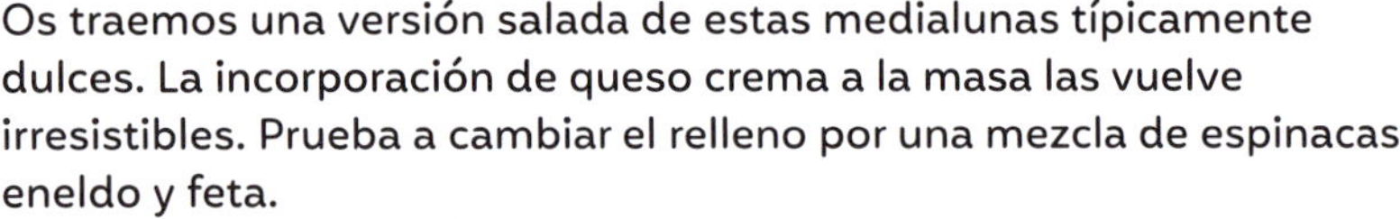

Os traemos una versión salada de estas medialunas típicamente dulces. La incorporación de queso crema a la masa las vuelve irresistibles. Prueba a cambiar el relleno por una mezcla de espinacas, eneldo y feta.

*Adelántate:* puedes dejar tanto la masa como el relleno preparados de antemano: 3 días la primera, 2 el segundo. Una vez horneados, conviene comer los *rugelach* el mismo día. También puedes congelarlos y hornearlos más adelante, sin necesidad de descongelar (añade un minuto al tiempo de horneado).

**Salen 16 *rugelach***

Empieza por la masa: en un robot de cocina, mezcla la harina, la levadura, 20 g de parmesano, ¼ de cucharadita de sal y un poco de pimienta. Tritura durante 15 segundos y añade la mantequilla. Tritura unos segundos más, hasta lograr una consistencia como de migas, e incorpora el queso crema. Tritura hasta que la masa empiece a tomar cuerpo (pero sin que llegue a apelmazarse). Vierte sobre una superficie enharinada y amasa unos segundos, sólo para compactarla. Divide en dos mitades iguales, envuélvelas por separado en film reutilizable y aplánalas con las manos. Refrigera durante por lo menos una hora.

Prepara el relleno. En una sartén, calienta el aceite a fuego moderado. Añade el puerro, sazona con media cucharadita de sal y pocha durante 15-18 minutos, hasta que esté tierno, pero sin que llegue a dorarse. Incorpora la ralladura de limón y una pizca de pimienta. Aparta del fuego y deja que se atempere. Mezcla el feta y el queso crema y añade al puerro, junto con el *za'atar* y el cheddar. Mezcla y reserva.

Cuando vayas a hacer los *rugelach*, precalienta el horno a 180 °C con ventilador.

En una superficie enharinada, extiende una mitad de la masa para formar un disco de unos 28 cm de diámetro y 2 mm de grosor. Vierte la mitad del relleno sobre la masa y espárcelo uniformemente. Usando un cuchillo afilado, divide el disco en ocho triángulos, como si estuvieras cortando porciones de pizza.

Trabajando de uno en uno y empezando por la base del triángulo, enrolla cada cuña apretando bien, desde el borde externo hasta la punta, de manera que el relleno quede dentro. Coloca las medialunas resultantes con la junta hacia abajo en dos bandejas de horno cubiertas con papel vegetal. Repite con el resto de la masa y el relleno. Pinta las medialunas con el huevo batido y espolvorea con el parmesano, el cheddar y el *za'atar* restantes. Hornea durante 23-25 minutos, dando la vuelta a las bandejas a media cocción, hasta que los *rugelach* se doren bien. Deja enfriar durante 5-10 minutos antes de servir.

# Galette de tomate con queso y Marmite

**1 cabeza de ajos grande**
**175 g de queso crema**
**2 ½ cdtas de Marmite**
**1 cda de sirope de arce**
**125 g de queso robiola (o brie)**, desmenuzado
**1 huevo**, batido
**sal y pimienta negra**

*Masa*
**175 g de harina de trigo**, y un poco más para espolvorear
**70 g de harina de trigo integral**
**150 g de mantequilla sin sal**, recién sacada de la nevera, cortada en dados de 3-4 cm
**30 ml de agua helada**
**30 ml de leche**, recién sacada de la nevera
**1 cdta de vinagre de vino blanco (o de sidra)**

*Tomates confitados*
**800 g de tomates variados**, cortados en rodajas de 1 cm de grosor
**3 cebollas rojas**, cortadas en rodajas de 1 cm de grosor (360 g)
**1 cda de hojas de tomillo**, picadas, y ½ cdta más, para servir
**1 ¼ cdtas de semillas de alcaravea**, ligeramente majadas
**75 ml de aceite de oliva**

Ya lo decía un anuncio de los noventa: «Marmite: o la adoras, o la odias». Si la adoras, te encantarán la crema y el glaseado de Marmite, y, aunque la odies, te convencerá el toque salado y umami que aporta al conjunto. *Fotografías en las páginas 258-259.*

*Adelántate:* puedes dejar la masa hecha y refrigerada 3 días antes (o un mes, si la congelas). Una vez horneada, lo mejor es comer la galette el mismo día, a ser posible tibia.

**Para 8 personas**

Empieza por la masa. Mezcla las dos harinas en un robot de cocina junto con media cucharadita de sal y una pizca de pimienta. Tritura a impulsos intermitentes, añade la mantequilla y sigue triturando hasta que tenga la consistencia de unas migas. Agrega el agua, la leche y el vinagre. Tritura un par de veces más, sólo hasta que la masa empiece a tomar cuerpo, y pásala a una superficie limpia. Amasa brevemente y con delicadeza, sólo para compactarla, forma una bola y envuélvela holgadamente en film reutilizable. Aplánala un poco con las manos y refrigera durante por lo menos una hora.

Precalienta el horno a 180 °C con ventilador.

Corta (y desecha) el tercio superior de la cabeza de ajos, de manera que los dientes queden a la vista, y envuélvela en papel de aluminio. Introdúcela en la parte inferior del horno.

En una bandeja de horno grande cubierta con papel vegetal, mezcla el tomate, la cebolla, el tomillo picado y las semillas de alcaravea. Riega con el aceite de oliva, salpimienta, masajea las verduras con las manos y disponlas formando una capa uniforme. Hornea durante 50 minutos, dando la vuelta a la bandeja a media cocción, hasta que el tomate empiece a dorarse y haya perdido casi toda su humedad. Retira del horno y reserva.

Retira también la cabeza de ajos y quita el papel de aluminio que la envuelve. Cuando se haya atemperado, exprime los dientes de ajo en un bol (puedes desechar las pieles). Añade el queso crema y una cucharadita y media de Marmite. Mezcla.

En un bol aparte, mezcla la cucharadita restante de Marmite con el sirope de arce y reserva.

Sube la temperatura del horno a 190 °C y cubre una bandeja de horno de 40 × 35 cm con papel vegetal.

Cinco o 10 minutos antes de extender la masa, sácala de la nevera. En una superficie ligeramente enharinada, extiende la masa para formar un disco de unos 38 cm de diámetro y 3 mm de grosor. Con un rodillo de cocina, traslada la masa a la bandeja de horno y esparce la mezcla del queso crema por encima, formando una capa uniforme y dejando libre un reborde de 6 cm. Cubre con dos tercios del queso robiola y dispón las rodajas de tomate y cebolla por encima, tapando el queso. Esparce el resto del queso por encima y ve doblando los bordes de masa sobre el relleno. Pinta con el huevo batido y refrigera durante 15 minutos.

Corta un disco de papel vegetal lo bastante grande para que cubra el relleno y colócalo por encima de la galette. Hornea durante 35 minutos. Retira el papel vegetal, gira la bandeja y hornea durante 15-20 minutos más, hasta que la masa se haya dorado y esté bien hecha por dentro. Pinta los bordes de la galette con la mitad del glaseado de Marmite y sirope de arce y deja reposar durante 15 minutos en la misma bandeja de horno. Riega con el resto del glaseado, espolvorea con las hojas de tomillo reservadas, corta en porciones y sirve.

# Pastel de pescado bohemio

**60 ml de aceite de oliva**
**2 cebollas pequeñas**, cortadas en dados (200 g)
**1 bulbo de hinojo grande**, cortado en rodajas de 1 cm de grosor (200 g)
**300 g de tomates cherry**, cortados por la mitad
**1 ½ cdas de concentrado de tomate**
**3 dientes de ajo**, prensados
**1 cda de semillas de cilantro**, ligeramente tostadas y majadas finas
**1 cdta de pimentón dulce**
**1 ½ cdas de hojas de tomillo**
**2 tiras de peladura de naranja**
**100 ml de vino blanco seco**
**250 ml de caldo de pescado (o de pollo)**
**1 cdta de salsa Tabasco**
**1 ½ cdtas de maicena**
**600 g de marisco variado, fresco o congelado (previamente descongelado)**
**hojas de perejil**, picadas gruesas, para servir (opcional)

*Puré de apionabo y cannellini*
**1 apionabo grande**, pelado y cortado en trozos de 2-3 cm (750 g)
**3 dientes de ajo**, pelados y prensados
**400 g de alubias cannellini en conserva**, escurridas y pasadas por agua
**40 g de mantequilla sin sal**, cortada en dados
**60 ml de nata para montar**
**sal y pimienta negra**

He aquí un pastel de pescado sin toda la nata y el puré de patata que suele incluir esta receta en su formato clásico. El resultado es igual de reconfortante, pero mucho menos pesado. Nos hemos inspirado en la receta de unos amigos de Helen, Alice y James, que la bautizaron como una versión díscola o «bohemia» del clásico.

*Adelántate:* si vas a preparar el pastel con antelación (unas horas antes de comerlo), asegúrate de que la salsa se haya enfriado del todo cuando incorpores el marisco crudo. El puré también debería atemperarse antes de esparcirlo por encima del marisco. Si lo horneas recién sacado de la nevera, añade 10 minutos más al tiempo de cocción.

**Para 4-6 personas**

Para el puré, mezcla el apionabo y el ajo en una cacerola mediana con tapa. Añade suficiente agua fría para cubrir someramente el apionabo y sazona con 2 cucharaditas de sal. Lleva a ebullición y deja hervir a fuego moderado, semitapado, durante 25-30 minutos, hasta que el apionabo esté tierno. Escurre, devuelve a la cacerola y deja que se haga durante 3-5 minutos a fuego lento, removiendo de vez en cuando, para que se evapore el exceso de agua. Incorpora las alubias, la mantequilla y la nata y salpimienta. Con un prensador de patatas (o un pasapurés), tritura hasta obtener un puré homogéneo.

Precalienta el horno a 210 °C con ventilador.

En una cazuela refractaria grande con tapa, calienta a fuego alegre 3 cucharadas de aceite. Sofríe la cebolla y el hinojo durante unos 10-12 minutos, removiendo de vez en cuando, hasta que empiecen a caramelizarse. Agrega el tomate, el concentrado de tomate, el ajo, las semillas de cilantro, el pimentón, el tomillo, la peladura de naranja, una cucharadita y cuarto de sal y una pizca de pimienta. Al cabo de 3 minutos, incorpora el vino y deja reducir durante 2-3 minutos antes de añadir el caldo y el Tabasco. Lleva a ebullición, baja el fuego, tapa la cazuela y hierve a fuego medio-bajo durante 12 minutos, hasta que el tomate se deshaga. Destapa y hierve durante 10-12 minutos más, hasta que espese un poco.

En un bol, disuelve la maicena en 2 cucharaditas de agua e incorpórala a la salsa. Deja hervir un minuto, para que espese, y después agrega el marisco. Aparta del fuego y esparce el puré por encima del marisco, aprovechando para hacer unas ondulaciones en la superficie. Riega con la cucharada de aceite restante y hornea durante 25-30 minutos, hasta que se dore. Retira del horno y deja reposar 10-15 minutos antes de servir el pastel espolvoreado con perejil (opcional).

# Pan de espárragos y espinacas

**90 ml de aceite de oliva**
**15 g de mantequilla sin sal**, y 15 g más en pomada, para engrasar el molde
**1 puerro**, cortado en juliana fina (135 g)
**65 g de berros**, picados gruesos
**200 g de espárragos**, despuntados y cortados en segmentos de 1 cm (200 g)
**1 diente de ajo grande, prensado**
**2 cdtas de hojas de tomillo**, picadas
**275 g de hojas de espinaca congeladas**, descongeladas, escurridas y picadas finas (135 g)
**70 g de parmesano**, rallado fino
**20 g de nueces**, picadas finas
**180 g de harina de trigo**
**1 ¼ cdtas de levadura en polvo**
**½ cdta de bicarbonato sódico**
**2 huevos**
**100 g de nata agria**
**2 cdas de *za'atar***
**mantequilla con sal**, a temperatura ambiente, para servir
**sal y pimienta negra**

**Cada año, en cuanto llega la temporada de los espárragos, nos preguntamos si se nos agotarán las ideas para cocinarlos, pues se diría que es una de esas verduras que no admiten demasiadas vueltas de tuerca. Y, sin embargo, cada año nos sorprendemos incorporando una nueva receta al repertorio de los espárragos. Esta vez los hemos integrado en una hogaza de pan de textura tierna y esponjosa, casi como un bizcocho, perfecto para acompañar un plato de sopa o para llevar de pícnic.**

***Notas de conservación:*** **sírvelo tal cual o caliéntalo en el horno (o una sartén) durante un minuto por cada lado.**

**Para 8-10 personas**

En una cazuela grande, calienta a fuego moderado una cucharada de aceite y la mantequilla. Añade el puerro, salpimienta y saltea durante 10 minutos, removiendo de vez en cuando, hasta que esté tierno. Agrega los berros, los espárragos, el ajo y el tomillo y deja que se hagan durante 5-7 minutos, hasta que los berros suelten todo su líquido. En los últimos 2 minutos, incorpora las espinacas y aparta del fuego.

Precalienta el horno a 170 °C con ventilador.

Unta la cara interna de un molde rectangular de 1 kg con la mantequilla en pomada. En un bol, mezcla 20 g de parmesano con las nueces picadas y úsalo a modo de harina para rebozar el molde, agitándolo y ladeándolo de manera que cubra el fondo y las paredes. Devuelve el exceso al bol y refrigera el molde.

En un bol mediano, tamiza la harina, la levadura en polvo, el bicarbonato sódico y media cucharadita de sal.

En un bol grande aparte, bate bien los huevos, la nata agria y los 75 ml restantes de aceite de oliva. Agrega las verduras templadas, los 50 g restantes de parmesano, el *za'atar* y la harina tamizada. Usa una espátula para integrar todos los ingredientes con movimientos envolventes, pero sin pasarte para evitar una textura gomosa.

Vierte la masa en el molde y alisa la superficie. Espolvorea con las nueces y el parmesano reservados y hornea durante 50-55 minutos, girando el molde a media cocción, hasta que, al insertar un palillo en el centro del pan, salga limpio.

Retira del horno y espera 10 minutos antes de pasar un cuchillo por los bordes. Desmolda el pan sobre una rejilla y deja que se enfríe del todo antes de servirlo con mantequilla salada.

# Pan exprés de zanahoria y *vadouvan*

**275 g de harina de trigo**
**2 cdtas de levadura en polvo**
**½ cdta de bicarbonato sódico**
**1 cda de azúcar extrafino**
**2 ½ cdas de *vadouvan***
**(o curri de Madrás en polvo)**
**2 cdtas de semillas de comino,** tostadas y ligeramente majadas
**2 cdtas de semillas de cilantro**, tostadas y ligeramente majadas
**3 huevos**
**150 g de yogur tipo griego**
**100 ml de aceite de oliva**
**1 zanahoria grande o 2 medianas,** peladas y ralladas gruesas (150 g)
**1 cebolleta**, picada fina (40 g)
**1 diente de ajo, prensado**
**10 g de jengibre**, pelado y rallado
**mantequilla con sal**, a temperatura ambiente, para servir (y un poco más para engrasar)
**sal**

Helen creó este plato después de probar un bol de crema de zanahoria y *vadouvan* en un café cerca del cole de su hijo, esperando a que saliera de clase. Tenía un sabor tan delicioso y singular que Helen se puso deberes a sí misma y aprovechó la espera para averiguar los ingredientes. Así descubrió el *vadouvan*, conocido como *vadagam* en el sur de Asia, una maravillosa mezcla de especias muy compleja y popular en Francia. Es una base de especias de chalota dulce y caramelizada, suave y ahumada. En la mente de Helen, la sopa se convirtió en este pan. Cortado en rebanadas y untado con mantequilla, es un almuerzo estupendo si lo acompañas con una sopa —de zanahoria o cualquier otra variedad— o queso.

*Nota sobre los ingredientes:* cada vez es más fácil encontrar *vadouvan* en los supermercados, pero, si no lo encontraras, puedes usar un curri de Madrás suave en polvo. Nosotros hemos aromatizado la mantequilla con un poco más de *vadouvan*, pero la mantequilla salada a secas queda igual de bien.

*Notas de conservación:* lo mejor es comerlo el mismo día que se hornea, pero se conserva bien durante 2 días.

**Para 6-8 personas**

Precalienta el horno a 180 °C con ventilador. Enmantequilla un molde rectangular de 1 kg y forra con papel vegetal.

En un bol grande, tamiza la harina, la levadura en polvo, el bicarbonato sódico, el azúcar y una cucharadita de sal. Añade el *vadouvan*, el comino y las semillas de cilantro y mezcla.

En un bol grande, bate con unas varillas los huevos, el yogur y el aceite. Incorpora la zanahoria, la cebolleta, el ajo y el jengibre. Vierte esta mezcla húmeda sobre los ingredientes secos e intégralos con movimientos envolventes, sin batir demasiado. La masa quedará un poco seca, pero es normal.

Vierte la masa en el molde, alisa la superficie y hornea durante unos 50-55 minutos o hasta que, al insertar un palillo en el centro del pan, salga limpio. Retira del horno y deja que se atempere durante 10 minutos sobre una rejilla antes de desmoldar. Una vez frío, corta el pan en rebanadas y sírvelo acompañado de mantequilla salada.

# Panecillos de patata

**1 patata de asar (cualquier variedad harinosa)**, pelada y cortada en trozos de 3 cm (200 g)
**375 g de harina de fuerza**
**1 sobrecito de levadura seca de panadero** (7 g)
**40 g de azúcar extrafino**
**1 ½ cdtas de sal**
**2 huevos**
**50 g de nata agria**
**70 g de mantequilla sin sal**, a temperatura ambiente y cortada en dados de 1 cm
**sal marina en escamas**, para servir

Hay algo muy placentero en el aroma y la textura esponjosa de un panecillo recién horneado. En este caso, la esponjosidad se debe a un ingrediente secreto: ¡la patata! Nunca dirías que está ahí, pero, una vez que lo sabes, entiendes por qué estos panecillos son un bocado tan tierno.

Si hornear panecillos es una de las tareas más satisfactorias que existe, pensar en todas las cosas que podemos meterles dentro es otra. Todos tenemos nuestro relleno preferido: para Helen, mantequilla con mortadela; para Verena, huevo y berros (ver pág. 25); para Tara, pollo, aguacate y aceitunas; para Yotam, mantequilla, cheddar y pepinillos. Las opciones son infinitas. *Más fotografías en las páginas 268-269.*

*Adelántate:* lo mejor es comer los panecillos el mismo día que se hornean, pero si los envuelves bien estarán estupendos al día siguiente gracias a la humedad de la patata. Puedes calentarlos unos minutos en el horno para devolverles la esponjosidad perdida.

**Salen 16 panecillos**

En una cacerola pequeña, cubre la patata someramente con agua. Lleva a ebullición, baja el fuego y deja hervir durante 15-20 minutos, con la cacerola semitapada, hasta que esté tierna. Escurre en un colador apoyado sobre un vaso alto y devuelve la patata a la cacerola. Calienta a fuego lento durante 2-3 minutos para que pierda la humedad antes de reducirla a un puré fino y sin grumos. Pasa 130 g de este puré a una fuente y deja que se atempere.

En un bol mediano, mezcla la harina, la levadura, el azúcar y la sal.

Vierte 80 ml del agua de cocción de la patata (o agua del grifo, si te has olvidado de reservarla) en el bol de una batidora eléctrica con el gancho amasador acoplado. Incorpora un huevo, la nata agria, la mezcla de la harina, la mantequilla y 130 g de puré de patata templado. Amasa a velocidad baja unos 2 minutos, sólo para que se integren todos los ingredientes. Sube a velocidad media-alta y amasa durante unos 8-10 minutos más, hasta lograr una masa homogénea, sedosa y elástica.

Pasa la masa a una superficie ligeramente engrasada y dale forma de bola. Devuelve al bol, tapa con un paño de cocina limpio y deja fermentar durante 1-1 ½ horas (o hasta que doble su tamaño).

Forra un molde cuadrado de 23 cm de lado (y unos 4 cm de profundidad) con una tira larga de papel vegetal que sobresalga 2 cm por los bordes.

Vuelca la masa fermentada sobre una superficie ligeramente engrasada y divídela en 16 trozos de poco menos de 50 g cada uno. Forma una bola con cada uno —estirando los bordes hacia abajo y apoyando la bola resultante sobre ese pliegue para que la parte de arriba luzca perfecta— y acomódalas en el molde formando cuatro hileras de cuatro (quedará un pequeño hueco entre las bolas, que se llenarán cuando crezcan).

Tapa los panecillos y deja fermentar durante 1 ½ horas, o hasta que doblen su tamaño.

Precalienta el horno a 180 °C con ventilador.

Bate el huevo restante y pinta los panecillos. Espolvorea con la sal marina en escamas y hornea durante 15 minutos. Gira el molde y hornea durante 10 minutos más, hasta que crezcan y se doren bien. Valiéndote de la tira de papel vegetal, saca los panecillos del molde con cuidado y deja que se enfríen sobre una rejilla.

# Dulces

# Gachas de avena al horno con canela, plátano y fresas

**130 g de copos de avena irlandesa (o cabeza de alfiler)**
**80 g de copos de avena grandes**
**30 g de almendras laminadas**, ligeramente tostadas
**1 cdta de levadura en polvo**
**1 ½ cdtas de canela molida**
**½ cdta de sal**
**1 plátano grande, en su punto**, cortado en rodajas finas (125 g)
**4-5 fresas**, cortadas en rodajas finas (100 g)
**1 huevo**
**60 ml de sirope de arce**, y un poco más para servir
**2 cdas de mantequilla sin sal**, derretida y atemperada
**500 ml de leche de almendras (u otra leche vegetal)**
**2 cdtas de extracto de vainilla**
**azúcar glas**, para espolvorear
**nata para montar**, para servir (opcional)

Éste es uno de esos platos que nunca faltan en casa de Helen. Normalmente se come los fines de semana, cuando hay tiempo para desayunar sin prisa, pero alguna que otra vez lo ha servido como cena después de un día duro, a modo de consuelo. Es una versión adaptada de las gachas de avena al horno de Heidi Swanson, publicada en su libro *Super Natural Every Day*. La hemos adaptado a nuestro gusto añadiendo los copos de avena irlandesa porque aportan textura, pero si no la encuentras puedes usar 210 g de copos de avena grandes en total. Sirve las gachas calientes con un chorrito de nata por encima, o bien frías, como desayuno o postre, con una cucharada adicional de sirope de arce.

*Adelántate:* si quieres meter las gachas en el horno nada más levantarte, puedes dejar la mezcla hecha la víspera (salvo por la fruta) y refrigerada. Si lo haces, buena parte del líquido se habrá absorbido durante la noche, por lo que puedes rebajar el tiempo de cocción a 30 minutos.

**Para 4-6 personas**

Precalienta el horno a 175°C con ventilador.

En un bol mediano, mezcla los copos de avena, las almendras, la levadura, la canela y la sal. Pasa la mezcla a una fuente refractaria de unos 26 cm de diámetro, esparce las rodajas de plátano y fresa por encima y reserva.

En una jarra o bol grande, mezcla el huevo con el sirope de arce y la mantequilla. Bate bien con unas varillas y añade la leche y el extracto de vainilla. Vierte la mezcla con cuidado en la fuente anterior y agítala con suavidad para que la fruta se reparta uniformemente. No te preocupes si no queda perfecto: durante el horneado, la fruta subirá a la superficie.

Hornea durante 40-45 minutos, o hasta que la superficie se dore y las gachas estén hechas. Retira del horno y deja que se atemperen unos minutos antes de espolvorearlas con azúcar glas. Sirve con la nata o el sirope de arce aparte.

# Galletas sin gluten de nueces de macadamia y chocolate blanco caramelizado

**300 g de mantequilla sin sal en pomada**, cortada en dados de 2 cm
**300 g de azúcar de caña moreno**
**75 g de azúcar extrafino**
**20 g de pasta de vainilla**
**1 huevo entero y 2 yemas**
**175 g de harina de mandioca (o harina de trigo)**
**150 g de copos de avena grandes**, triturados y reducidos a polvo fino
**¾ de cdta de bicarbonato sódico**
**¾ de cdta de sal de mesa**
**1 cdta de sal marina en escamas**
**100 g de nueces de macadamia**, tostadas y picadas gruesas
**200 g de chocolate blanco caramelizado (o normal),** picado grueso (recomendamos la marca Valrhona Dulcey con 32% de cacao)

Estas galletas se inspiran en los recuerdos de Verena, que vivió un par de años en Washington DC siendo adolescente y pasaba el rato en el centro comercial, imaginando que era la protagonista de alguna película. Si algo le gustaba era el puesto de galletas de la señora Fields y sus galletas sin gluten de nueces de macadamia con lágrimas de chocolate blanco, ¡crujientes por fuera, tiernas y gomosas por dentro!

*Nota sobre los ingredientes:* el chocolate blanco caramelizado es un ingrediente fabuloso: imagina una tostada con mantequilla, pero en dulce. Cada vez se encuentra con más facilidad, pero puedes usar chocolate blanco común para sustituirlo. Nosotros hemos usado harina de mandioca para hacer las galletas sin gluten, pero puedes reemplazarla por harina de trigo.

*Adelántate:* puedes preparar la masa de las galletas 3 días antes, formar bolitas y refrigerarlas en un recipiente hermético (de hecho, ¡mejorarán con el paso de las horas!), a punto para hornear.

**Salen 25 galletas**

En un cazo, calienta a fuego alegre la mitad de la mantequilla y dórala durante unos 5 minutos, removiendo a menudo, hasta que se vea de color ámbar y desprenda un aroma a frutos secos. Mientras, mezcla en un bol grande el resto de la mantequilla, los dos tipos de azúcar y la pasta de vainilla. Vierte la mantequilla avellanada sobre esta mezcla y remueve. Deja reposar durante 5 minutos para que el resto de la mantequilla se derrita. Incorpora el huevo y las yemas y mezcla durante unos 30 segundos, hasta crear una emulsión. Agrega el resto de los ingredientes y mezcla para que la harina quede bien integrada. Tapa y deja reposar en la nevera durante por lo menos 2 horas, hasta que cuaje.

Precalienta el horno a 180 °C con ventilador.

Con una cuchara, coge porciones de masa de 50-55 g y ve formando bolas. Disponlas, bien separadas entre sí, encima de una bandeja de horno grande cubierta con papel vegetal. Deberían salir 8 galletas por tanda. Hornea durante 7 minutos, gira la bandeja y hornea 3 minutos más, hasta que el borde de las galletas se vea dorado y el centro tierno y pálido. Deja atemperar las galletas durante 10 minutos antes de comerlas.

# *Affogato* de natillas al horno con crocante de merengue

*Natillas al horno*
**200 ml de nata para montar**
**200 ml de leche**
**75 g de azúcar de caña rubio**
**las semillas de 1 vaina de vainilla**
**4 yemas de huevos** (reserva 2 claras para el crocante de merengue)
**1/8 de cdta de sal**

*Crocante de merengue*
**2 claras de huevo**
**1/8 de cdta de sal**
**150 g de azúcar extrafino**
**50 g de avellanas blanqueadas**, tostadas: la mitad reducida a un polvo fino y la otra mitad picada gruesa
**1 cdta de maicena**
**1 cdta de vinagre de sidra**
**40 g de coco rallado**

*Para servir*
**4 cafés *espresso***, calientes (opcional)

Este postre está a caballo entre el *affogato*, la crema catalana y un crocante de avellanas. Queda igual de bueno sin el chupito de café, así que es perfecto para toda la familia. *Fotografías en las páginas siguientes.*

*Adelántate:* puedes hacer tanto las natillas como el crocante de antemano (un día antes las primeras, hasta una semana antes el segundo) y dejarlos a punto para montar el postre.

**Para 4 personas**

Precalienta el horno a 230 °C con ventilador.

En un cazo, calienta a fuego moderado todos los ingredientes de las natillas, removiendo a menudo, durante 10-12 minutos, hasta que tenga la consistencia de una crema inglesa. Cuela sobre una fuente refractaria de 30 x 20 cm y hornea durante 15-20 minutos, hasta que la superficie se vea parcialmente chamuscada y la crema parezca haberse cortado: ¡eso es justo lo que queremos!

Con una batidora de mano, tritura la crema durante unos 30 segundos, asegurándote de incluir todos los trocitos chamuscados de los bordes, hasta lograr una consistencia homogénea, sedosa y reluciente. Refrigera durante por lo menos 4 horas (o hasta el día siguiente).

Baja la temperatura del horno a 150 °C y forra una bandeja de horno con papel vegetal.

A continuación, prepara el crocante de merengue. En el bol de una batidora eléctrica, bate las claras de huevo a velocidad media-alta durante 1-2 minutos, hasta que empiecen a montar. Vierte el azúcar poco a poco y bate durante 3-5 minutos más, hasta obtener un merengue denso y reluciente. Con una espátula, incorpora las avellanas trituradas, la maicena, el vinagre de sidra y el coco. Pon un pegotito de merengue debajo de cada esquina del papel vegetal para que se adhiera a la bandeja. Esparce una capa fina de merengue sobre la bandeja, asegurándote de cubrir toda la superficie, y espolvorea con las avellanas picadas. Hornea durante 30 minutos. Deja que se atempere y parte el crocante en trozos irregulares.

Cuando vayas a servir, remueve la crema con delicadeza. Debería tener la consistencia de unas natillas. Repártela entre cuatro copas pequeñas y añade unos trozos de crocante. Sirve el café aparte, en la cantidad deseada.

# Fideos *kataifi* con merengue, limón y arándanos

**50 g de fideos *kataifi***
**25 g de azúcar glas**
**½ cdta de canela molida**
**¼ de cdta de sal**
**30 g de mantequilla sin sal**, derretida
**100 g de arándanos frescos**
**50 g de merengues comprados hechos**, desmenuzados

*Almíbar de limón*
**150 ml de zumo de limón** (de unos 4 limones)
**6 tiras de peladura fina de limón**
**125 g de azúcar extrafino**
**1 bolsa de infusión de manzanilla** (opcional: sólo si la tienes a mano)
**1 rama de canela**
**1 vaina de vainilla** (reserva las semillas para la crema)

*Crema de yogur*
**200 ml de nata para montar**
**200 g de yogur tipo griego**
**las semillas de 1 vaina de vainilla** (ver arriba)
**50 g de azúcar glas**

No podemos incluir en este libro un postre tipo «revoltijo» con fideos *kataifi* caramelizados sobre una crema de yogur sin mencionar la receta en la que se inspira, obra de nuestros buenos amigos Itamar Srulovich y Sarit Packer, el alma del restaurante Honey & Co, en cuya carta nunca falta este delicioso postre. En nuestra versión, hemos subrayado el sabor del limón y añadido los merengues. Si preparas los diversos elementos del plato con antelación, es un postre fácil y rápido de montar.

*Adelántate:* puedes hornear los fideos *kataifi* hasta 5 días antes y guardarlos en un recipiente hermético. Úsalos para espolvorear toda clase de postres cremosos con yogur. El almíbar de limón se conserva durante el mismo tiempo. En cuanto a la crema de yogur, lo mejor es prepararla justo antes de servir el postre.

**Para 4 personas (pero fácil de multiplicar para muchos)**

Precalienta el horno a 160 °C con ventilador y forra una bandeja de horno grande con papel vegetal.

En un bol mediano, mezcla con las manos los fideos *kataifi*, el azúcar glas, la canela y la sal. Añade la mantequilla derretida y vuelve a mezclar para que los fideos queden bien impregnados. Esparce la mezcla sobre la bandeja formando una capa delgada. Dispón otra hoja de papel vegetal por encima y presiona con el rodillo de cocina para que tenga cerca de ½ cm de grosor. Retira la hoja de papel superior y hornea durante 18-20 minutos o hasta que los fideos estén bien dorados. Una vez que se enfríen, pártelos en terrones irregulares.

Mientras, en un cazo pequeño, calienta a fuego alegre todos los ingredientes del almíbar de limón. Lleva a ebullición, baja el fuego y mantén un hervor suave durante 10-12 minutos, removiendo de vez en cuando, hasta que espese y reduzca un poco (seguirá espesando mientras se atempera). Pasa el almíbar a un bol y reserva en la nevera para que se enfríe del todo.

Cuando vayas a servir, bate la nata, el yogur, las semillas de vainilla y el azúcar glas hasta que forme picos suaves. Vierte la mezcla sobre una fuente de servir, usando una cuchara para rizar la superficie, y esparce los arándanos y los merengues desmenuzados. Reparte los terrones de *kataifi* crujiente y riega con un chorrito de almíbar de limón (incluidas las peladuras). Sirve con el resto del almíbar y los terrones de *kataifi* aparte.

# Tronco de galletas y chocolate

**3 cdas de leche** (o 105 ml, si no usas Grand Marnier)
**60 ml de licor Grand Marnier** (opcional)
**1 café *espresso***, normal o descafeinado (30 ml)
**650 ml de nata para montar**
**325 g de *crème fraîche***
**50 g de azúcar glas**
**1 ½ cdtas de extracto de vainilla**
**1 ½ cdtas de canela molida**

*Galletas*
**225 g de harina de trigo**
**50 g de cacao en polvo**
**¾ de cdta de levadura en polvo**
**½ cdta de bicarbonato sódico**
**¼ de cdta de sal**
**100 g de mantequilla sin sal**, a temperatura ambiente
**200 g de azúcar extrafino**
**50 ml de aceite vegetal**
**50 g de sirope dorado**
**1 huevo**

*Fresas maceradas*
**600 g de fresas**, sin el pedúnculo y cortadas en cuartos
**1 ½ cdas de azúcar extrafino**
**1 cdta de ralladura fina de naranja**
**2 cdas de licor Grand Marnier** (o zumo de naranja)
**2 tiras de peladura de naranja**, cortada en juliana

Como os dirá cualquiera que haya participado en una barbacoa australiana, el tronco de galletas y chocolate es un postre ubicuo. En Australia se prepara con galletas de chocolate compradas hechas que se pegan entre sí con nata montada. ¡La receta es tan sencilla que viene impresa en el dorso del paquete de galletas! En un reciente viaje familiar a Melbourne, los hijos de Helen quedaron tan prendados de este postre que le suplicaron que lo hiciera de vuelta en Londres. Como no encontró las galletas (las Choc Ripple de la marca Arnott, aunque ahora están disponibles en internet), Helen las preparó desde cero, y su elaboración es tan sencilla y rápida que ahora las hace no sólo para el tronco, sino para tenerlas siempre a mano. Ninguna fiesta de cumpleaños o barbacoa está completa sin ellas. *Fotografías en las páginas 284-285.*

*Adelántate:* puedes hacer las galletas y hornearlas hasta 7 días antes y guardarlas en un recipiente hermético. El tronco debe montarse como mínimo 6 horas antes de servirlo, para que las galletas se reblandezcan y la mezcla se compacte, pero puedes montarlo hasta 2 días antes y reservarlo en la nevera.

*Dale una vuelta de tuerca:* las fresas le van que ni pintadas a este tronco, pero también puedes espolvorearlo con una galleta desmenuzada o virutas de chocolate.

**Para 8-10 personas**

Empieza por hacer las galletas. En un bol mediano, tamiza la harina, el cacao en polvo, la levadura, el bicarbonato y la sal.

Mezcla la mantequilla, el azúcar, el aceite y el sirope en el bol de una batidora eléctrica con la pala batidora acoplada. Bate a velocidad media durante 2 minutos, hasta lograr una masa pálida y cremosa. Rebaña las paredes del bol, añade el huevo y bate. Baja la velocidad, añade los ingredientes secos y mezcla hasta obtener una masa homogénea. Envuelve en film transparente y refrigera durante por lo menos 2 horas.

Cuando vayas a hornear las galletas, precalienta el horno a 170 °C con ventilador.

Divide la masa en bolas de 30 g y acomódalas, con unos 5 cm de separación, en dos bandejas de horno cubiertas con papel vegetal.

Deberían salir unas 23 bolas de masa. Aplánalas con la mano para que tengan unos 5 cm de diámetro y hornea durante 15 minutos, hasta que estén firmes y se agrieten un poco por arriba. Retira del horno y deja que se atemperen durante 5 minutos antes de pasarlas a una rejilla para que se enfríen del todo. Sírvelas acompañadas de las fresas restantes.

Cuando vayas a montar el tronco, mezcla la leche con el licor (opcional) y el café. Reserva.

En el bol de una batidora eléctrica con las varillas acopladas, mezcla la nata, la *crème fraîche*, el azúcar glas, el extracto de vainilla y la canela. Bate a velocidad media-alta hasta que se formen picos suaves. Procura no montar demasiado la nata, pues se espesará al enfriarse. Pasa 200 g de esta mezcla a un bol pequeño y reserva en la nevera para cubrir el tronco. Con una cuchara o una manga pastelera, extiende un churro de nata de unos 30 cm de longitud (y unos 2 cm de ancho) a lo largo de una fuente o tabla de servir, para ayudar a fijar las galletas mientras montas el tronco.

Coge 20 galletas y, trabajando de una en una, píntalas por ambos lados con la mezcla de leche, licor y café, humedeciendo la galleta sin llegar a empaparla. Con una espátula pequeña o un cuchillo, unta una cara de la galleta con 2 cucharadas de nata montada. Repite con la siguiente galleta y pégala a la primera, presionando un poco. Repite con el resto de las galletas para formar un tronco alargado. Esparce el resto de la nata montada sobre el tronco. No te preocupes si apenas lo cubre, porque luego añadirás una segunda capa de nata montada. Tapa el tronco con algo que no llegue a tocarlo y refrigera durante por lo menos 6 horas, o hasta el día siguiente.

Unos 15 minutos antes de servir el tronco, mezcla las fresas en un bol con el azúcar, la ralladura de naranja y el licor Grand Marnier y macera durante 10-15 minutos.

Mientras, recubre el tronco con la nata montada reservada.

Cuando vayas a servir, vierte cerca de la mitad de las fresas por encima del tronco, presionando ligeramente para que se adhieran. Riega con el almíbar que haya sobrado de la maceración y espolvorea con la peladura de naranja. Corta el tronco en diagonal —calentar la hoja del cuchillo en un bol con agua caliente te ayudará a hacer cortes más limpios— para que se vean las rayas.

# Mousse de chocolate con almíbar de naranja

**360 g de chocolate negro** (con cerca de 64% de cacao), picado grueso
**6 huevos**: separa las yemas y las claras
**60 g de azúcar extrafino**
**460 ml de nata para montar**
**100 g de nata agria**
**50 g de avellanas blanqueadas**, tostadas y picadas gruesas, para servir
**sal marina en escamas**

*Almíbar de naranja (opcional)*
**100 g de azúcar extrafino**
**2-3 naranjas grandes**: 4 tiras de peladura fina para servir y 125 ml de zumo

El almíbar de naranja le da a esta mousse de chocolate un aire vagamente navideño que nos encanta, pero quedaría igual de bien sin él. Eso sí, no te saltes la nata ni las avellanas, porque le dan un contrapunto fantástico.

*Notas de conservación:* la mousse se conserva bien en la nevera hasta 3 días.

**Para 8 personas**

Derrite el chocolate al baño maría, removiendo de vez en cuando. Aparta del fuego y deja que se atempere un poco (puede estar tibio, pero no caliente).

Vierte las yemas de huevo en un bol mediano y bate con unas varillas durante cerca de un minuto para blanquearlas. Incorpora el chocolate fundido removiendo con delicadeza.

En una batidora, monta las claras a velocidad media-alta durante 2 minutos, hasta que espumeen. Incorpora el azúcar en forma de lluvia y bate durante 2-3 minutos más, hasta que se formen picos firmes y tenga un aspecto satinado. Incorpora las claras al chocolate en tres tandas, con movimientos delicados y envolventes, sin aspirar a un aspecto homogéneo, sino veteado.

Sin necesidad de lavar el bol de la batidora, monta 360 ml de nata a velocidad media durante 3 minutos, hasta que se formen picos firmes (ten cuidado para que no se corte). Con delicadeza, pero a conciencia, incorpora la nata a la mezcla de chocolate junto con media cucharadita de sal marina en escamas. Vierte la mousse en un bol de servir o en ocho boles individuales y refrigera durante 3 horas (o hasta el día siguiente).

Si vas a hacer el almíbar de naranja, calienta un cazo pequeño a fuego medio-alto y vierte la mitad del azúcar en forma de lluvia. Remueve para que se derrita, añade el resto del azúcar y deja que se caramelice unos 3 minutos, removiendo de vez en cuando, hasta que adquiera un tono ambarino. Aparta del fuego y vierte el zumo de naranja con cuidado, porque chisporroteará. Devuelve al fuego, removiendo para deshacer los trocitos de azúcar que no se hayan disuelto. Añade ¼ de cucharadita de sal marina en escamas y reserva.

En un bol pequeño, mezcla los 100 ml restantes de nata para montar y la nata agria. Bate durante cerca de un minuto, hasta que empiece a tomar cuerpo.

Unos 15 minutos antes de servir, retira la mousse de la nevera. Vierte unas cucharadas de nata por encima, riega con el almíbar de naranja y espolvorea con las avellanas y la peladura de naranja.

# *Crumble* de manzana, moras y jengibre

**180 g de harina de trigo**
**1 ½ cdtas de levadura en polvo**
**¼ de cdta de sal**
**4 manzanas Granny Smith pequeñas**, peladas, descorazonadas y cortadas en gajos finos (360 g)
**35 g de jengibre fresco**, pelado y rallado fino
**1 limón**: 1 cdta de ralladura fina, y 1 ½ cdtas de zumo
**180 g de mantequilla sin sal** a temperatura ambiente, cortada en dados, y unos 10 g más para engrasar
**130 g de azúcar extrafino**
**3 huevos y 1 clara**
**1 cdta de extracto de vainilla**
**300 g de moras**
**nata líquida (o crema inglesa)**, para servir

*Cobertura*
**90 g de harina de trigo**
**80 g de azúcar demerara**
**1 cdta de jengibre molido**
**1 cdta de canela molida**
**60 g de almendras laminadas**
**¼ de cdta de sal**
**75 g de mantequilla sin sal**, derretida y ligeramente atemperada

Horneado en la misma fuente refractaria en la que se sirve todavía tibio, este *crumble* es un postre deliciosamente casero que vale para cualquier época del año, adaptando la fruta según la temporada: melocotones y frambuesas en verano, por ejemplo, o manzanas y ciruelas en otoño.

*Adelántate/ notas de conservación:* lo mejor es comer este postre todavía tibio, pero al día siguiente también estará delicioso a temperatura ambiente. Lleva mucha fruta fresca, lo que significa que, transcurridas veinticuatro horas, empezará a reblandecerse. Puedes hacer la cobertura hasta 4 días antes y guardarla refrigerada o en un recipiente hermético (o hasta un mes, si la congelas). También puedes usarla como *topping* para otros postres.

**Para 6-8 personas**

Empieza por la cobertura. En un bol mediano, mezcla la harina, el azúcar, el jengibre, la canela, las almendras y la sal. Añade la mantequilla y, con un tenedor, mézclalo todo hasta lograr una pasta grumosa. Reserva en la nevera.

Precalienta el horno a 170 °C con ventilador. Enmantequilla una fuente refractaria profunda (de unos 26 cm de diámetro) y reserva. En un bol, tamiza la harina, la levadura y la sal. Reserva.

En un bol aparte, mezcla la manzana, el jengibre y el zumo de limón y deja macerar mientras preparas la masa.

En el bol de una batidora eléctrica con la pala batidora acoplada, bate la mantequilla, el azúcar y la ralladura de limón a velocidad media-alta durante 3 minutos, hasta que la mezcla blanquee y se vuelva cremosa. En un bol aparte, bate los huevos, la clara y el extracto de vainilla y, con la batidora en marcha, incorpora esta mezcla en 4-5 tandas, rebañando las paredes del bol. Al principio parecerá que la masa se corta, pero no te preocupes por eso: recuperará su consistencia homogénea. Baja la velocidad, incorpora los ingredientes secos y mezcla someramente. Aparta 100 g de las manzanas maceradas y otro tanto de las moras, y añade el resto de la fruta a la masa.

Vierte la masa en la fuente engrasada y alisa la superficie. Esparce la manzana y las moras reservadas por encima, seguidas de la cobertura, desmenuzando los terrones sobre la marcha y asegurándote de que la fruta asoma aquí y allá.

Hornea durante 45-50 minutos o hasta que, al insertar un palillo en el centro, salga limpio. Deja que el *crumble* se atempere durante unos 30 minutos antes de servirlo tibio, con la nata o la crema inglesa aparte.

# Pastel de manzana holandés

*Masa*

**280 g de mantequilla sin sal**, a temperatura ambiente
**75 g de azúcar de caña rubio**
**255 g de azúcar extrafino**, y 1 cdta más para espolvorear
**1 cdta de ralladura de limón**
**las semillas de 1 vaina de vainilla**
**1 huevo y 2 yemas**
**310 g de harina de trigo**, y un poco más para espolvorear
**65 g de almendra molida**
**1 ¼ cdtas de *mahleb*** (prescinde de este ingrediente si no lo tienes)
**1 ½ cdtas de levadura en polvo**
**¾ de cdta de sal**

*Relleno*

**40 g de almendras laminadas**, tostadas y ligeramente majadas
**50 g de pasas**
**50 ml de ron añejo (o zumo de manzana)**
**30 g de mantequilla sin sal**, derretida
**5 manzanas reineta o Granny Smith**, peladas, descorazonadas y cortadas en trozos de 2-3 cm (560 g)
**3 manzanas Pink Lady**, peladas, descorazonadas y cortadas en trozos de 2-3 cm (320 g)
**1 cda de zumo de limón**
**40 g de azúcar de caña rubio**
**25 g de melaza de caña de azúcar**
**⅛ de cdta de sal**
**¾ de cdta de canela molida**
**¾ de cdta de *mahleb*** (prescinde de este ingrediente si no lo tienes)
**½ cdta de nuez moscada recién rallada**
**20 g de *panko***

*Para servir*

**nata montada**

Este pastel es el resultado de varios recuerdos cruzados. Los de Yotam, de cuando estudiaba en Ámsterdam y entraba en un café llamado Villa Zeezicht (que por desgracia ya no existe) para degustar su famoso pastel de manzana, y los de infancia de Verena, entre los que brilla con luz propia un pastel alemán —*gedeckter apfelkuchen* o «pastel de manzana cubierto»—, enriquecido con pasas y bañado en un glaseado de limón. Verena también se inspiró en otro postre clásico holandés, el *boterkoek* (literalmente, «pastel de mantequilla»), un bizcocho dulce y, como su nombre indica, muy mantequilloso que casa de maravilla con el relleno de manzana especiada. Lo importante, en cualquier caso, es servirlo con nata montada. *Fotografías en las páginas 292-293.*

*Nota sobre los ingredientes:* el *mahleb* es una especia aromática que se elabora a partir de las semillas del cerezo de santa Lucía (*Prunus mahaleb*). Tiene un sabor muy especial, amargo y almendrado, pero, si no lo tienes a mano, prescinde de este ingrediente.

**Para 8-10 personas**

Empieza por la masa. En el bol de una batidora eléctrica con la pala batidora acoplada, bate a velocidad media durante 2 minutos la mantequilla con los dos tipos de azúcar, la ralladura de limón y las semillas de vainilla, hasta que la mezcla blanquee y se vuelva cremosa (pero no demasiado esponjosa). Aparte, bate el huevo y las yemas (reserva una cucharadita para pintar) y añade a la mezcla, batiendo lo justo para que se integren. Baja la velocidad, añade los ingredientes secos y bate sólo hasta lograr una masa homogénea. Pasa a un trozo de papel vegetal y extiende para formar un rectángulo. Envuelve en papel vegetal y refrigera durante por lo menos 1 ½ horas (o hasta el día siguiente).

Precalienta el horno a 170 °C con ventilador e introduce en él una bandeja de horno cubierta con papel vegetal.

Enmantequilla la base y los lados de un molde redondo desmontable de 23 cm de diámetro, forra la base con papel vegetal y reserva.

Divide la masa en tres partes iguales. Coge un tercio (deja el resto en la nevera) y extiende con un rodillo enharinado sobre una superficie también enharinada para formar un disco de unos 22 cm de diámetro. Forra la base del molde con el disco, presionando con los dedos alrededor del borde. No te preocupes si la masa se agrieta o rompe un poco: remiéndala sobre la marcha.

Coge un segundo tercio de masa y extiéndelo para formar un rectángulo de 14 × 29 cm. Córtalo por la mitad a lo largo y usa estas tiras para forrar las paredes del molde. De nuevo, presiona con los dedos para que se adhiera bien. Refrigera el molde. Extiende el último tercio de masa para obtener un disco de 22 cm de diámetro y refrigera aparte, en una bandeja cubierta con papel vegetal.

En un bol grande, mezcla bien todos los ingredientes del relleno. Retira el molde de la nevera y vierte el relleno en su interior. Te parecerá mucha cantidad, pero se reducirá con la cocción. Cubre con el disco de masa refrigerado. Sella los bordes formando un repulgue con los dedos. Pinta la superficie con el huevo batido reservado y espolvorea con el azúcar extrafino. Hornea durante cerca de una hora en la bandeja precalentada, girándola a media cocción, hasta que se dore.

Retira del horno y deja enfriar sobre una rejilla durante por lo menos 2 horas. Desliza un cuchillo con cuidado entre el pastel y las paredes del molde para desmoldarlo. Córtalo en porciones generosas y sirve con la nata montada aparte.

# Bizcocho marmolado «viaje a la infancia» de Verena

*Masa del bizcocho de vainilla*
**250 g de mantequilla sin sal**, en pomada, y un poco más para engrasar el molde
**275 g de harina de trigo**, y un poco más para enharinar el molde
**285 g de azúcar extrafino**
**las semillas de 2 vainas de vainilla (o 1 cda de pasta de vainilla)**
**1 cdta de levadura en polvo**
**½ cdta de bicarbonato sódico**
**¾ de cdta de sal**
**2 huevos y 2 yemas**, a temperatura ambiente, batidos
**170 ml de kéfir (o suero de mantequilla)**, a temperatura ambiente
**60 ml de licor Bols Advocaat** (opcional)

*Masa del bizcocho de chocolate*
**430 g de masa de bizcocho de vainilla** (ver arriba)
**70 g de chocolate negro** (70% de cacao), derretido y atemperado
**2 cdtas de cacao en polvo**

*Ganache de chocolate (opcional; puedes espolvorear el pastel con azúcar)*
**125 g de chocolate con leche (o negro)**, derretido y atemperado
**⅛ de cdta de sal marina en escamas**
**100 ml de nata para montar**
**fideos de colores**, para decorar (opcional)

He aquí el momento «magdalena proustiana» de Verena. En su casa, ningún cumpleaños o celebración estaba completo sin un bizcocho marmolado, era algo sagrado. Otras reglas no se observaban tan a rajatabla, y Verena solía probar un sorbito de *advocaat*, un licor cremoso muy popular en Holanda, del vaso de su madre. Es algo viejuno, pero vale la pena probarlo, ya sea por el punto nostálgico o por la novedad. También puedes prescindir de él, si lo prefieres.

*Adelántate/ notas de conservación:* una vez horneado y cubierto con la ganache, el bizcocho se conserva bien en un recipiente hermético (o envuelto) durante 3 días.

**Para 10-12 personas**

Precalienta el horno a 175 °C con ventilador. Enmantequilla generosamente y enharina un molde tipo *kugelhopf* de 21 cm de diámetro (uno tipo Bundt de 25 o 26 cm también funcionaría). Vuélcalo, dale unos golpecitos sobre la encimera para eliminar el exceso de harina y reserva.

En el bol de una batidora eléctrica con la pala batidora acoplada, mezcla la mantequilla, el azúcar y las semillas de vainilla. Bate a velocidad media-alta durante 5 minutos, hasta que blanquee y tome una consistencia esponjosa, rebañando las paredes del bol un par de veces. Mientras, tamiza los ingredientes secos y reserva. En un vaso alto, mezcla el kéfir con el *advocaat* (opcional) y reserva.

Baja la velocidad a media-baja e incorpora el huevo batido en 3-4 tandas, rebañando las paredes del bol. A velocidad baja, agrega en tres tandas alternas la mezcla de harinas y el kéfir con licor, batiendo lo justo para que se integren antes de cada nueva tanda. Retira el bol de la batidora y usa una espátula de goma para acabar de integrarlo todo.

Vierte 430 g de masa en un bol aparte. Mezcla el chocolate derretido y el cacao en polvo e incorpora a la masa anterior. Vierte grandes cucharadas de masa de vainilla en el molde engrasado, dejando huecos aquí y allá, y rellénalos con la masa de chocolate. Repite, alternando las masas, hasta acabarlas. Con una brocheta, remueve la masa dibujando ochos para crear el efecto marmolado. Alisa la superficie y hornea durante 30 minutos. Baja la temperatura a 170 °C y gira el molde con cuidado. Hornea durante 10-15 minutos más, hasta que, al insertar un palillo en el bizcocho, salga limpio. Deja reposar en el molde durante 15 minutos antes de volcarlo con delicadeza sobre una rejilla para que acabe de enfriarse (tardará cerca de hora y media).

Para la ganache, mezcla el chocolate y la sal en un bol refractario pequeño. Calienta la nata sólo hasta que empiece a hervir y viértela sobre el chocolate. Deja reposar un minuto antes de batir suavemente para lograr una ganache lisa y reluciente. Baña el bizcocho con la ganache y espolvorea con los fideos de colores. Sírvelo frío.

# Pastel de queso con compota de ciruelas

**175 g de mantequilla sin sal**, en pomada
**275 g de azúcar moreno extrafino**
**las semillas de 2 vainas de vainilla** (reserva las vainas para otro uso)
**2 limones**: 2 cdtas de ralladura
**4 huevos y 2 yemas**, a temperatura ambiente
**2 cdtas de extracto de vainilla**
**100 g de sémola de trigo (o polenta, si cocinas sin gluten)**
**2 cdas de preparado en polvo para natillas (o maicena)**
**¼ de cdta de sal**
**1 cdta de levadura en polvo**
**450 g de yogur tipo griego**, con 5% de grasa (a temperatura ambiente)
**600 ml de nata para montar** (a temperatura ambiente)
**1 cda de zumo de limón**

*Compota de ciruelas (opcional)*
**500 g de ciruelas rojas**, deshuesadas, cortadas en rodajas de ½ cm de grosor
**65 g de azúcar extrafino**
**1 cda de zumo de limón**
**1 naranja**: 3 peladuras finas y 1 cda de zumo
**1 anís estrellado entero**

**Verena se crió en Alemania, donde abunda el pastel de queso. Tradicionalmente, se elabora con uno bajo en grasa, como el queso fresco, y se usa sémola de trigo para aglutinar la masa. Nosotros hemos apostado por una mayor cremosidad y ofrecemos la polenta como alternativa a la sémola para quienes coman sin gluten. Este pastel es fantástico como postre para muchos, pero se conserva bien en la nevera hasta cuatro días, por lo que siempre puedes volver a él cuando los invitados se marchen.**

*Adelántate:* salvo que empieces a cocinar al alba, lo mejor es hacer el pastel la víspera, para que pueda reposar en la nevera durante la noche. La compota se conserva una semana en la nevera.

**Para 8-10 personas**

Precalienta el horno a 225 °C con ventilador. Engrasa un molde redondo desmontable de 23 cm de diámetro y fórralo con un disco de papel vegetal de unos 40 cm (tiene que ser grande para poder rebujar los bordes).

En el bol de una batidora eléctrica con la pala acoplada, bate la mantequilla, el azúcar, las semillas de vainilla y la ralladura de limón a velocidad media durante 5 minutos, para blanquear y airear la masa.

En un vaso alto, mezcla los huevos, las yemas y el extracto de vainilla. Incorpora en tres tandas a la masa anterior, rebañando bien las paredes del bol.

En un bol pequeño, mezcla la sémola, el preparado para natillas, la sal y la levadura, y añade a la mezcla de mantequilla y huevo. Bate a velocidad baja hasta que se integren, rebañando las paredes del bol. Incorpora el yogur y añade la nata para montar y el zumo de limón, rebañando el fondo y las paredes hasta lograr una masa homogénea.

Vierte la masa en el molde preparado y golpéalo un par de veces sobre la encimera para liberar las burbujas de aire retenido. Hornea durante 20 minutos, baja la temperatura del horno a 160 °C y hornea durante 20 minutos más, hasta que el pastel haya subido, esté bien tostado por encima y siga semilíquido en el centro (acabará de cuajar mientras se enfría). Apaga el horno, pero deja el pastel dentro durante 2 horas (30 minutos con la puerta cerrada y entornada el resto del tiempo). Pásalo a una rejilla y deja que se enfríe del todo (unas 4 horas). Cuando esté frío, refrigera durante por lo menos 4 horas más, idealmente hasta el día siguiente.

Para la compota, mezcla todos los ingredientes en un cazo mediano con tapa y hierve a fuego lento durante 10-15 minutos, semitapado, hasta que las ciruelas estén muy tiernas, pero conserven parte de su forma. Pasa la compota a un bol mediano y reserva para que se enfríe. Vierte por encima del pastel o sirve aparte.

# Pastel de chocolate vegano

**300 ml de leche de soja**
**1 cda de vinagre de sidra**
**100 g de azúcar extrafino**
**100 g de azúcar de caña moreno**
**250 g de harina de trigo**
**75 g de cacao en polvo**
**1 ½ cdtas de café soluble tipo *espresso***
**1 ½ cdtas de bicarbonato sódico**
**1 ½ cdtas de levadura en polvo**
**½ cdta de sal**
**100 ml de aceite vegetal**
**65 ml de sirope de arce**
**185 ml de agua** hirviendo
**nata líquida vegana**, para servir

*Glaseado de chocolate*
**110 ml de leche de soja**
**65 ml de aceite de coco** (inodoro, como el de la marca Biona)
**1 ½ cdas de cacao en polvo**
**⅛ de cdta de sal**
**175 g de chocolate negro vegano** (con 70% de cacao), picado grueso
**175 g de azúcar glas**
**¼ de cdta de sal marina en escamas**, para servir

Todo el mundo necesita en su recetario un sencillo pastel de chocolate que se adapte a toda clase de celebraciones (éste, además, es fácil de transportar en la misma bandeja donde se ha horneado). Se trata de una versión vegana del clásico *Texas sheet cake*, un pastel de chocolate de miga densa y jugosa que se cubre con un glaseado de chocolate nada más salir del horno.

*Notas de conservación:* el pastel se conserva bien a temperatura ambiente, tapado, durante 3 días.

**Para 8-10 personas**

Precalienta el horno a 170 °C con ventilador. Engrasa ligeramente un molde rectangular de 33 × 23 cm (con 3-5 cm de profundidad) y forra con papel vegetal.

En un vaso alto, mezcla la leche de soja y el vinagre de sidra y deja reposar para que espese.

Mezcla los dos tipos de azúcar en un robot de cocina junto con la harina, el cacao, el café soluble, el bicarbonato, la levadura y la sal. Tritura brevemente para que todos los ingredientes se integren.

Añade el aceite vegetal y el sirope de arce a la leche de soja y vierte esta mezcla sobre los ingredientes secos. Tritura hasta lograr una masa homogénea, rebañando las paredes del bol. Incorpora el agua caliente y tritura hasta obtener una textura sedosa y homogénea, rebañando las paredes del bol según veas necesario (¡la masa estará muy líquida!). Vierte en el molde y hornea durante 20-25 minutos o hasta que, al insertar un palillo en el centro del pastel, salga limpio.

Mientras, prepara el glaseado. Vierte 65 ml de leche de soja en una cacerola mediana, junto con el aceite de coco, el cacao en polvo y la sal. Calienta a fuego medio-bajo hasta que arranque el hervor, removiendo de vez en cuando para eliminar posibles grumos de cacao. Aparta del fuego, añade el chocolate y deja reposar un minuto antes de remover para que se funda e integre. Agrega el azúcar glas y remueve: la mezcla se verá grumosa y cortada. Incorpora las 3 cucharadas restantes de leche de soja y verás cómo vuelve a emulsionarse para crear un glaseado homogéneo y satinado.

Nada más sacar el pastel del horno, báñalo con el glaseado, esparciéndolo por toda la superficie. Espolvorea con la sal marina en escamas y deja que se atempere antes de servir.

Ateco
ULTRA

# Kaiserschmarrn

*Tortita*
**25 g de pasas**
**2 cdas de ron o brandy**
**45 g de mantequilla sin sal**, en pomada
**100 g de azúcar extrafino**
**4 huevos**: separa las yemas y las claras (necesitarás 3 yemas y todas las claras)
**100 g de nata agria**
**las semillas de ½ vaina de vainilla** (reserva la vaina para otro uso)
**85 g de harina de trigo**
**¼ de cdta de sal**
**½ cdta de canela molida**
**½ cdta de anís estrellado molido**

*Para servir*
**azúcar glas**, para espolvorear
**compota de ciruelas** (ver pág. 296)

**Al parecer, este postre se creó para el emperador austríaco Franz Joseph (de ahí que su nombre contenga la palabra *Kaiser*), pero Helen probó estas «tortitas rotas» por primera vez en una estación de esquí de los Alpes con nuestra compañera y amiga Cornelia Staeubli. Al ver que todas las demás mesas de una cafetería local pedían este plato, Helen y sus chicos no dudaron en seguir su ejemplo. Sírvelas con compota para desayunar o con chocolate para el postre.**

**Para 4-6 personas**

En un vaso alto, mezcla las pasas con el ron o el brandy y deja macerar durante por lo menos una hora (o hasta el día siguiente).

Unta el fondo y los lados de una sartén refractaria de unos 24 cm de diámetro con una cucharada de mantequilla. Espolvorea con una cucharada de azúcar y agita la sartén para que recubra toda la superficie. Sacude el exceso de azúcar y refrigera hasta que vayas a usarla.

Precalienta el horno a 175 °C con ventilador.

En un bol mediano, usa unas varillas para batir las 3 yemas con 2 cucharadas de azúcar hasta lograr una mezcla homogénea. Incorpora la nata agria, las semillas de vainilla y el brandy de remojar las pasas. Tamiza la harina sobre la mezcla anterior, intégrala con una espátula y reserva.

En el bol limpio y seco de una batidora eléctrica, bate las claras a velocidad media durante 1 minuto, hasta que espumeen. Añade la sal y bate durante unos 2 minutos, hasta que empiecen a montar, y agrega 40 g (3 cucharadas rasas) de azúcar en forma de lluvia. Bate a velocidad alta hasta que se formen picos firmes. Con una espátula, incorpora un tercio de las claras montadas a la mezcla de las yemas, integrándolas con movimientos envolventes. Repite con el resto de las claras montadas.

Vierte la masa en la sartén refrigerada y esparce las pasas maceradas por encima. Hornea enseguida, durante unos 20 minutos o hasta que un palillo insertado en el centro de la tortita salga limpio.

Mezcla la cucharada de azúcar extrafino restante con la canela y el anís estrellado y reserva.

Retira la sartén del horno y, con dos cucharas, rompe la tortita en jirones de unos 5 cm cada uno y reserva en una fuente. Calienta la sartén a fuego alegre y derrite la mitad de la mantequilla restante. Añade la mitad de los jirones de tortita, de manera que formen una sola capa, y espolvorea con la mitad del azúcar aromatizado. Dora durante unos 3-4 minutos, agitando la sartén con delicadeza, hasta que los jirones empiecen a caramelizarse. Pasa a una fuente de servir y repite con el resto de ingredientes. Apila los jirones de tortita en la fuente de servir, espolvorea con azúcar glas y sírvelos tibios, con la compota aparte.

# Galletas de brownie con crema de tahina y *halva*

**100 g de harina de trigo**
**35 g de cacao en polvo**
**¾ de cdta de levadura en polvo**
**¼ de cdta de bicarbonato sódico**
**½ cdta de sal**
**150 g de azúcar de caña moreno**
**75 g de azúcar extrafino**
**2 huevos**
**1 cda de leche en polvo malteada** (recomendamos la marca Horlicks)
**150 g de chocolate con leche de buena calidad** (con 37-40% de cacao), picado grueso
**100 g de chocolate negro** (con 70% de cacao), picado grueso
**100 g de mantequilla sin sal**, cortada en dados
**1 cda de semillas de sésamo** (una mezcla de blanco y negro, si es posible), para servir
**½ cdta de sal marina en escamas**, para servir

*Crema de tahina*
**200 ml de nata para montar**
**175 g de queso mascarpone**
**75 g de tahina**
**1 cdta de extracto de vainilla**
**50 g de azúcar glas**
**65 g de *halva* desmenuzada**

Todo lo bueno de los brownies —densos y «chocolatosos»— y todo lo bueno de las galletas —esa tierna y redonda perfección— se une en este postre gracias a una deliciosa crema de tahina y *halva*.

*Notas de conservación:* una vez montadas, lo mejor es comer las galletas el mismo día. Si quieres adelantarte, haz las galletas y la crema de tahina por separado (ambas se conservan un par de días, la crema en la nevera) y monta las que vayas a comer.

**Salen 15 galletas dobles**

Precalienta el horno a 180 °C con ventilador y forra 2-3 bandejas de horno grandes con papel vegetal. Prepara una manga pastelera o bolsa de congelación.

Tamiza los primeros cinco ingredientes y reserva en un bol pequeño.

Mezcla los dos tipos de azúcar en el bol de una batidora eléctrica. Añade los huevos y la leche malteada y bate a velocidad alta durante 7 minutos, hasta que la mezcla triplique su volumen inicial y tenga una consistencia cremosa.

Mientras, mezcla los dos tipos de chocolate y la mantequilla en un bol refractario y apóyalo sobre un cazo con agua hirviendo, cuidando de que la base del bol no toque el agua. Remueve hasta que la mezcla se derrita y mantenla caliente. Con una espátula de goma, añade la masa de la batidora al chocolate derretido, removiendo lo justo para que se integre. Incorpora los ingredientes secos sólo hasta lograr una mezcla homogénea (que no se vean vetas de harina).

Pasa la masa a una manga pastelera o bolsa de congelación (si la acomodas dentro de un vaso alto, te será más fácil rellenarla). Corta la punta (o una esquina) y forma 30 galletas de unos 5 cm repartidas entre las distintas bandejas, separadas entre sí. Espolvorea la mitad de las galletas con las semillas de sésamo y la sal y hornea enseguida durante 8 minutos, hasta que crezcan y se agrieten. Deja las bandejas sobre una rejilla hasta que se enfríen del todo. Si vas a hacer varias hornadas, no formes las galletas hasta que vayas a cocerlas.

Mientras, mezcla todos los ingredientes de la crema salvo la *halva* y bate a mano hasta lograr picos de firmeza media. Refrigera.

Cuando las galletas estén frías, unta con crema la cara plana de una galleta sin semillas de sésamo. Espolvorea con la *halva* y cubre con una de las galletas con semillas de sésamo. Repite con el resto.

# Pudin de higos y chocolate

**150 g de harina de trigo**
**2 cdas de cacao en polvo**
**½ cdta de sal**
**2 cdtas de levadura en polvo**
**2 cdas de leche en polvo malteada** (recomendamos la marca Horlicks)
**50 g de azúcar de caña moreno**
**50 g de almendra molida**
**130 g de mantequilla sin sal**, derretida, y 10 g más para engrasar
**100 ml de leche**
**75 g de *crème fraîche***
**3 cdas de sirope de arce**
**1 huevo**, ligeramente batido
**150 g de higos secos tiernos**, picados gruesos
**50 g de chocolate negro** (con 70% de cacao), picado grueso

*Costra crujiente*
**100 g de azúcar de caña moreno**
**1 cda de leche en polvo malteada**
**1/8 de cdta de sal**
**25 g de mantequilla sin sal**, cortada en dados pequeños
**200 ml de agua**
**150 ml de nata para montar**

*Para servir*
**100 g de *crème fraîche* (o nata para montar, o helado de vainilla)**
**3 cdas de almendras laminadas**, tostadas
**2 cdas de sirope de arce**

Si, en lo que a postres se refiere, «reconfortante» es sinónimo de tibio y cremoso, pero también fácil y sencillo de hacer, este pudin lo tiene todo para triunfar. Se prepara sin apenas esfuerzo en sólo 15 minutos y, tras media hora en el horno, estará listo para hacer las delicias de cualquiera que tenga a mano una cuchara. *Fotografías en las páginas siguientes.*

**Para 6-8 personas**

Precalienta el horno a 180 °C con ventilador. Enmantequilla una fuente refractaria de 26 cm de diámetro y unos 5 m de profundidad. Reserva.

En un bol mediano, tamiza la harina, el cacao, la sal, la levadura y la leche en polvo. Añade el azúcar y la almendra molida y mezcla bien.

En un vaso alto, bate la mantequilla derretida, la leche, la *crème fraîche*, el sirope de arce y el huevo batido. Añade a los ingredientes secos, junto con los higos y el chocolate, y mezcla con delicadeza. Pasa la masa a la fuente engrasada.

Para la costra, mezcla el azúcar, la leche en polvo malteada y la sal. Espolvorea sobre la masa del pudin formando una capa uniforme y esparce la mantequilla por encima. En un cazo, calienta el agua y la nata a fuego alegre. Cuando arranque el hervor, vierte la mezcla con cuidado sobre la masa del pudin, desde los bordes hacia el centro. Hornea durante 30 minutos, hasta que costra esté crujiente y la masa del pudin burbujee por los bordes.

Deja reposar durante 5 minutos y esparce por encima unas cucharadas de *crème fraîche*. Espolvorea con las almendras tostadas y riega con el sirope de arce. Sirve el pudin tibio, con el resto de la *crème fraîche* y las almendras aparte.

Fire exit
HOURS

# Índice

**Salvo que se indique lo contrario**, los huevos son grandes y la leche es entera, así como el yogur, la nata agria, la leche de coco, la crema de coco y la *crème fraîche*. Las hierbas aromáticas, las hojas de curri y el jengibre son frescos; el perejil es de hoja plana. Las cebollas, las chalotas y los ajos deben pelarse, las cebolletas deben despuntarse. En las recetas donde se pide un tipo específico de guindilla en copos, puede sustituirse por guindilla común en copos. Las anchoas y alcaparras que usamos se conservan en aceite o salmuera, y deben escurrirse antes de usarse. El aceite de oliva es virgen extra, la sal es sal marina fina y la pimienta negra debe estar recién molida.

# Agradecimientos

**Yotam Ottolenghi**
Mil gracias a mis colaboradoras creativas en este viaje tan dichoso como reconfortante: Helen Goh, Verena Lochmuller y Tara Wigley. Hemos encontrado algún que otro bache por el camino, pero ha sido un placer de principio a fin.

Muchas gracias a nuestro maravilloso equipo creativo: Jonathan Lovekin, Caz Hildebrand y Wei Tang.

Quiero expresar una inmensa gratitud a mis compañeros cofundadores de Ottolenghi: Noam Bar, Cornelia Staeubli y Sami Tamimi.

Como siempre, estoy en deuda con Felicity Rubinstein y el equipo de Ebury Press: Lizzy Gray y Emily Brickell, nuestras editoras, así como Joel Rickett, Sarah Bennie, Stephenie Reynolds, Lara McLeod, Catherine Ngwong, Anjali Nathani y Joanna Whitehead. Muchas gracias también a Kim Witherspoon y el equipo estadounidense: Aaron Wehner, Katherine Tyler, Molly Birnbaum, Maria Zizka y Robert McCullough.

No puedo sino mencionar también a Mark Hutchinson, Malinda Reich, Chaya Maya, Jens Klotz, Jake Norman, Katja Tausig, Michal Nowak y Milli Taylor: gracias a todos.

**Helen Goh**
En primer lugar, doy las gracias a Yotam por muchos años maravillosos de fructífera (¡y divertida!) colaboración. Este libro es la guinda del pastel. Vaya desde aquí mi eterna gratitud y cariño a un grupo de personas que me han sostenido a lo largo de este tiempo, en especial a David Kausman por razones que él conoce de sobra, demasiadas para enumerarlas aquí; a Sam y Jude por su exuberante vitalidad; a Cornelia, Sami y Noam por su amistad y sabios consejos. Gracias de corazón a mis chicas por su infalible apoyo y ánimo: Kathy, Sherry, Melly, Caroline, Lisa, Alice, Nicole, Betsy, Goli, Shehnaz, Ramona, Irada, Samira, Tanzila, Julia, Yassira y Lulu. Por último, doy las gracias a mi madre y hermanos por su amor incondicional.

**Verena Lochmuller**
Gracias a mi marido Simon y mi hija Olivia por su constante amor y afecto. A mi madre, que en paz descanse, por enseñarme el valor de la comida casera. Y a mis hermanas Christiane y Daniela por haberme apoyado siempre.

**Tara Wigley**
Doy las gracias a mi familia. A mis padres: gracias por cubrirme las espaldas (a menudo literalmente). A mi marido y mis chicos: poner la cocina patas arriba con Scarlett y Casper los fines de semana, mientras Theo o Chris tocan el piano, es mi definición de felicidad doméstica.

Muchísimas gracias también a mis amigas —mi manta calentita, mi red de seguridad— y especialmente, en el caso de *Compartir*, a Annie y Neache, Katherine, Katie y Nessa. Habéis sido un apoyo indispensable.

Papel certificado por el Forest Stewardship Council®

Título original: *Comfort*
Publicado por primera vez en 2024 por Ebury Press, un sello de Ebury Publishing.
Ebury Publishing forma parte de Penguin Random House.
Primera edición: septiembre de 2025

Diseño: Caz Hildebrand
Fotografía: Jonathan Lovekin
Estilismo gastronómico: Wei Tang



Printed in Spain – Impreso en España

ISBN: 978-84-10340-42-8
Depósito legal: B-11.982-2025

Impreso en Gráficas Estella
Estella (Navarra)

SM40428